실리콘밸리로 간
노자

글로벌 기업들은
왜 도덕경에서 혁신을 배우는가?

실리콘밸리로 간
노자

박영규 지음

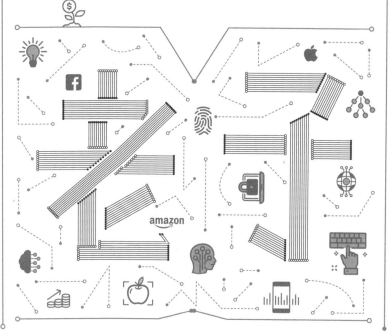

THE NAN
더 난 콘 텐 츠

일러두기

1 이 책은 도덕경의 판본 중 통행본에 의거해 집필했다.

2 성경 구절은 《공동번역성서》를 따랐다.

3 인명을 포함한 외래어 표기는 국립국어원 외래어 표기법을 따르되, 이미 일반적으로 통용
되는 경우에는 관례를 따랐다. (예: 제프 베이조스 → 제프 베조스)

머리말

《도덕경》을 처음 접하면 무척 난해하다는 느낌을 받는다. '도가도비
상도(道可道非常道)'로 시작되는 문장 자체가 워낙에 뜬구름 잡는 소리
인지라 마음먹고 책을 잡았다가도 금세 읽기를 포기하는 경우가 적지
않다. 필자도 처음에는 그랬다. 그러나 졸가리를 한번 움켜쥐면 어느
순간 《도덕경》 전체가 한눈에 들어온다. 그래서 술술 읽힌다. 필자는 4
차 산업혁명 시대의 기술 혁신에 관한 칼럼을 쓰다가 그런 경험을 했
다. 애플, 구글, 아마존 등 실리콘밸리를 대표하는 기업들의 경영이념
에서 공통적으로 노자의 흔적이 엿보인다는 생각이 불현듯 머릿속을
스쳐 몇 가지 키워드를 염두에 두고 《도덕경》을 통독했는데 반나절 만
에 전편을 다 읽을 수 있었다.

이 책은 그 경험을 토대로 작성된 것이다. 실리콘밸리를 대표하는
기업을 창업하고 성장시켰던 CEO들의 경영 철학과 행적을 따라가면

서《도덕경》원문 전체를 살펴보고 이를 통해 노자 사상에 대한 이해를 돕고자 이 책을 썼다. 본문 해설에서는 기업가들의 창업 배경이나 생애, 제품 개발과 관련된 에피소드를 다뤘다. 노자가《도덕경》에서 말하는 도(道)의 본말이 4차 산업혁명 시대를 이끌어가는 CEO들의 리더십과 혁신이라는 과녁을 정통으로 꿰뚫고 있다고 생각했기 때문이다.

'도대체 혁신이란 무엇인가?' 4차 산업혁명이라는 격랑 속에서 살고 있는 사람이라면 누구나 한 번쯤 이 물음에 맞닥뜨렸을 것이다. 때로는 이 화두를 붙들고 불면의 밤을 지새우기도 하고, 워크숍이나 컨퍼런스에서 머리를 맞대고 난상토론을 벌이기도 했을 것이다. 하지만 누구 하나 속 시원하게 해답을 찾은 사람이 없다. 그 이유가 뭘까?《도덕경》에서 노자가 이 물음에 대한 영감을 준다는 것이 필자의 생각이다. 《도덕경》의 가르침에 어깨를 기댈 때 최고, 최상, 최후의 혁신이란 가장 작은 것, 가장 소박한 것, 가장 심플한 데에 있다. 극단적으로 말하면 혁신의 종착지는 무(無)다. 이러한 논리는 쉽게 받아들이기 어렵다. 산업이 고도화된다는 것은 결국 그를 떠받치고 있는 기술적 수준이 가장 복잡한 단계에 도달했다는 것을 의미하는데, 가장 단순한 것에서 혁신을 찾아야 한다는 것은 상식에 맞지 않기 때문이다. 옳은 이야기다. 하지만 이러한 생각에 매몰되면 결코 혁신에 성공할 수 없다.

우주를 예로 들어 생각해보자. 물리학자들이 관찰하고 발견한 우주의 본질은 지극히 간단하고 단순하다. 그래서 아인슈타인은 이렇게 말했다.

"그저 단순해서는 안 된다. 가장 단순해야 한다. 거기에 우주의 신비를 풀 수 있는 열쇠가 있다."

닐스 보어나 리처드 파인만 같은 양자물리학자들은 아예 우주의 본질을 무라고 봤다. 우리의 생각은 정반대다. 우리는 우주를 거대하고 복잡한 체계로 인식하고 유의 관점에 기초해서 만물을 인식한다. 자연스럽게 혁신에 대한 아이디어도 그러한 프레임 위에서 도출하려고 애쓴다. 끊임없이 혁신을 하기 위해서는 우주를 지향하고, 우주를 닮은 패러다임을 만들어야 하는데 우리의 사고와 패러다임은 반우주적 관점에 매몰되어 있는 것이다. 이런 패러다임에 익숙해져 있다 보니 새로운 가치를 생각하고 수용하는 일에 서툴고 그 결과 혁신을 쉽게 하지 못하는 것이다. 우주를 바라보는 관점만 그런 것이 아니라 우리는 매사를 그런 각도에서 바라본다. 작고 적은 것 보다는 크고 많은 것을 더 좋은 것이라고 여기고, 탐나는 물건이 있으면 기어이 내 수중에 넣고 말겠다며 소유에 집착한다. 나와 생각이 다른 사람이 있으면 우격다짐을 해서라도 내 사고의 프레임에 집어넣어야 직성이 풀린다.

제대로 된 혁신을 하기 위해서는 이러한 상식의 틀을 깨야 한다. 유의 관점을 무의 관점으로, 소유의 관점을 무소유의 관점으로, 거대의 관점을 최소의 관점으로 바꿔야 한다. 노자의 《도덕경》과 4차 산업혁명이 연결되는 지점이 바로 여기에 있다. 이것이 바로 이 책에서 필자가 주장하는 핵심 메시지로, 이러한 노자의 철학을 경영에 가장 잘 활용한 기업은 애플과 구글, 아마존을 비롯한 실리콘밸리의 기업들이다.

스티브 잡스는 '큰 것이 작은 것이고 많은 것이 적은 것(大小多少, 대소다소)'이라는 《도덕경》 구절에서 영감을 얻어 애플의 제품에 미니멀리즘을 입혔다. 잡스가 개발한 애플컴퓨터나 아이폰, 아이패드 같은 혁신 기기들은 디자인이 단순하면서도 깔끔하고 군더더기가 없다. 잡스가 애플 제품에 구현한 미니멀리즘은 수많은 애플 마니아들을 탄생시켰고, 그 덕분에 애플은 실리콘밸리의 정상에 올랐다.

구글의 공동 창업자인 래리 페이지와 세르게이 브린도《도덕경》에 나오는 비움의 미학과 무위지치(無爲之治)로 포털 시장을 정복했다. 구글 홈페이지 대문에는 작은 검색창 하나만 달랑 놓여 있을 뿐 나머지는 사막처럼 텅 비어 있다. 구글은 홈페이지를 방문하는 이용객들의 발길을 억지로 붙잡지 않는다. 방문객들이 검색창에 검색어를 집어넣은 후 원하는 정보를 얻으면 곧바로 해당 사이트로 이동하게 내버려둔다. 홈페이지를 화려하게 장식해 방문객들을 가능하면 오래 붙잡아두는 유위(有爲)의 전략을 쓴 야후와는 달리 구글은 무위(無爲)의 전략을 썼다. 결과는 구글의 완승이었다.

아마존의 제프 베조스도 노자 사상에서 영감을 얻어 실리콘밸리를 정복한 천재 중 한 명이다. 아마존웹서비스(Amazon Web Service, AWS)에는 '낳았지만 소유하지 않는다(生而不有, 생이불유)'는《도덕경》의 무소유 사상이 깃들어 있다. AWS는 아마존이 개발했지만 모든 사람들에게 개방되어 있다. 개발자들은 아무런 제약도 받지 않고 AWS에 접근할 수 있으며, 그 공간에서 자유롭게 자신들이 원하는 새로운 애플리케이션을 개발할 수 있다.

노자는 우리 삶의 패러다임을 통째로 혁신하라고 주문한다. 유위 대신 무위를, 크고 많은 것 대신 작고 적은 것을, 소유 대신 무소유를 삶의 지침으로 삼으라고 말한다. 노자에 따르면 작심삼일과 같이 반짝하고 마는 혁신은 혁신이 아니다. 혁신은 우리 삶 속에서 매일매일 반복적으로 일어나야 한다. '도가도비상도'라고 했듯이 혁신이라고 말할 수 있는 것은 이미 혁신이 아니다. 스티브 잡스와 레리 페이지, 세르게이 브린, 제프 베조스를 비롯한 수많은 천재들 덕분에 실리콘밸리에서는 혁신의 기운이 끊임없이 솟아나고 있다. 이런 측면에서 볼 때 4차 산업혁명 시대의 실리콘밸리는 2500년 전 노자가 설파했던 곡신불사(谷神不死)의 의미에 가장 잘 어울리는 계곡이다.

실리콘밸리의 천재들이 처음부터 돈에 집착했더라면 오늘날과 같은 혁신기업들을 만들어내지 못했을 것이다. 그랬더라면 이 책을 쓸 수도 없었을 것이다. '노자와 성공한 부자들'이라는 조합이 가당키나 한 것인가? 상상조차 할 수 없는 일이다. 많은 독자들은 그러한 시도 자체가 노자에 대한 모독이라고 생각할 것이다. 하지만 그렇지 않다. 내가 살펴본 100여 명의 실리콘밸리 CEO들의 출발은 모두 소박하고 단순했다. 그러했기에 그들의 삶에도 여느 사람들의 삶과 마찬가지로 신산(辛酸)의 고난이 배어 있다. 출생의 비밀 때문에 내적으로 고통을 받은 사람이 있는가 하면, 어린 시절 말이 어눌해 친구들로부터 놀림을 당한 사람도 있다. 남들이 모두 잠들어 있는 새벽녘에 신문배달을 하면서 꿈을 키워 마침내 창업에 성공하지만 은행의 문턱을 넘지 못해 좌절감을 맛본 CEO는 그 수를 헤아릴 수 없을 정도로 많다. 하지만 이들 모두는 미래에 대한 열정 하나로 그러한 고난을 극복했고 마침내 실리콘밸리의 정상에 올랐다. 그들은 돈을 벌기 위해 창업을 한 것이 아니라 새로운 것을 만들어 세상을 변화시키겠다는 집념과 의지로 창업을 했다. 그들에게는 혁신적인 가치를 지향하는 신념이 우선이었고 돈과 성공은 그 후에 저절로 따라온 것이었다.

이 책은 실리콘밸리를 이끌어가는 CEO들의 경영이념 속에서《도덕경》을 입체적으로 들여다보고 그를 통해 4차 산업혁명 시대를 준비하는 우리 사회의 리더들에게 지혜와 영감을 주기 위해 썼다. 애플과 아마존, 구글, 마이크로소프트, 페이스북, 스페이스엑스, 오라클 등 실리콘밸리를 대표하는 7대 기업의 창업 과정과 제품 개발, CEO들의 리더십에 얽힌 에피소드를 중점적으로 다뤘으며, 그 외에도 IBM, 휴렛팩커드, 인텔, 넷스케이프 등 실리콘밸리 태동 초기의 주요 기업들도 상당 부분 소개했다. 그리고 중국의 텐센트나 알리바바, 한국의 삼성, 일본의 소니 등과 같이 미국의 실리콘밸리 기업들과 어깨를 나란히 하는 글로벌 기업의 에피소드도 함께 다뤘으며, 스타벅스나 GE, 크라이슬러처럼 실리콘밸리의 IT기업이 아니라도 창업이나 성장 과정에서의 스토리가 4차 산업혁명 시대를 살아가는 현대인들에게 울림과 감동을 줄 수 있다고 본 기업들의 사례도 소개했다.

그렇다고 이 책이 경영학 쪽의 자기계발서는 아니다. 딱딱하게 느껴지는《도덕경》에 정서적 거부감 없이 쉽게 접근할 수 있도록 경영에 관련된 에피소드를 풍부하게 실었을 뿐 기업 사례 그 자체를 살펴보는 데 책의 목적이 있는 것은 아니다. 그렇기 때문에 책 자체는 여느《도덕경》해설서와 마찬가지로 1장부터 81장까지 통으로 원문을 번역한 후 해설하는 방식으로 구성되어 있다.《도덕경》의 경우 원문이 중

복되거나 의미와 맥락이 비슷한 장들이 자주 되풀이되는데 이 경우 원문에 대한 한글 해석과 간단한 해설만 곁들이고 기업의 사례는 생략했다. 《도덕경》의 원문은 통행본을 기준으로 삼았으며 한글로 번역한 문장은 왕필이나 하상공, 최진석 등 《도덕경》에 관해 내로라하는 대가(大家)들의 주석서를 많이 참고했다. 번역상의 어색함을 걷어내기 위해 현대적 언어 감각과 운율에 맞게 다듬었지만 노자의 진의를 왜곡시킬 수 있는 의역(意譯)은 최대한 자제했음을 미리 밝혀둔다.

차례

하편 덕경德經

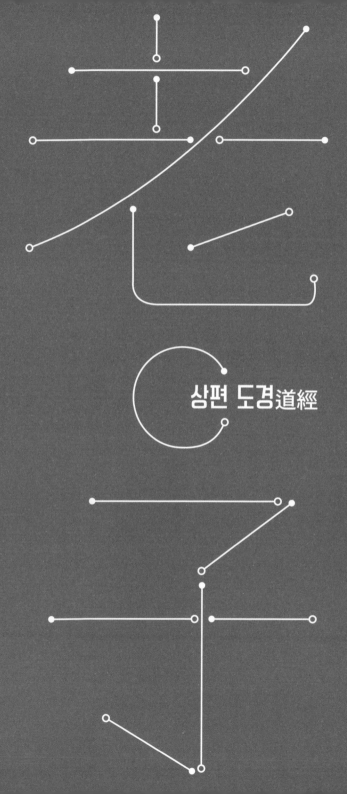

상편 도경道經

1장

혁신에는 경계가 없다
道可道非常道(도가도비상도)

道可道非常道(도가도비상도): 도라고 말할 수 있는 것은 항구적인

도가 아니고

名可名非常名(명가명비상명): 이름을 붙일 수 있는 것은 항구적인

이름이 아니다.

無名天地之始(무명천지지시): 무는 천지의 근원을 일컫고

有名萬物之母(유명만물지모): 유는 만물의 모태를 일컫는다.

故常無欲以觀其妙(고상무욕이관기묘): 항구적인 무에서는 도의

오묘함을 보고

常有欲以觀其徼(상유욕이관기요): 항구적인 유에서는 도의 경계를

본다.

此兩者同出而異名(차량자동출이이명): 무와 유, 이 두 가지는 그

근원이 같으나 이름이 다를 뿐이다.

同謂之玄(동위지현): 무나 유 둘 다 도의 넓고도 깊음을 일컫는다.

玄之又玄(현지우현): 넓디넓고 깊디깊으니

衆妙之門(중묘지문): 모든 오묘한 것들이 드나드는 문이로다.

《도덕경》1장은 도에 대한 총론적 성격을 띤다. 헌법의 전문과 같다. 여기에 등장하는 단어 중 핵심은 도, 무, 유 세 가지다. 나머지는 이들의 상호관계를 설명하는 것들이다. 1장에서 노자는 도의 성격이나 속성을 명시적으로 언급하지 않는다. 도에 대해 직접 언급한 대목은 '도가도비상도' 딱 하나인데, 문장의 구조가 '도란 이런 것이다'라는 긍정문이 아니라 '이런 것은 도가 아니다'라는 부정문이다. 노자가 이런 방식의 서술을 택한 이유는 도라는 것이 인간의 언어로 딱 부러지게 규정할 수 없기 때문이다. 만물의 근원으로서 분명히 존재하긴 하지만 인간은 그것에 대해 그 어떤 이름도 붙일 수 없다. 이름을 붙이는 순간 항구적인 도, 항구적인 이름으로서의 자격을 상실한다. 그래서 '도가도비상도', '명가명비상명'이라 했다. 다만 인간들이 알아들을 수 있게 설명하려다 보니 불가피하게 도라는 이름을 붙인 것이다.

무와 유는 도가 실체를 드러내는 두 가지 차원이다. 무는 만물의 시초로서 도를 드러내고, 유는 만물의 모체로서 도를 드러낸다. 따라서 무와 유는 둘 다 도의 속성을 품고 있다. 항구적인 무에서는 오묘함(妙)을 보고, 항구적인 유에서는 경계(徼)를 본다는 문장은 다소의 설명이 필요하다. 뒤에 나오겠지만 노자는 도의 이미지를 계곡, 자궁 등에 비유한다. 도의 속성은 계곡이나 자궁처럼 텅 비어 있는 것이다. 그래서 무한히 깊고 넓다. 현(玄)은 '검을 현'이라고 읽지만 아득히 멀고 깊은 상태를 의미하는 한자다. 광활한 우주가 현(玄)이라는 글자에 딱 맞는 실체다. 우주는 우리에게 신비로움, 경이로움, 오묘함 그 자체다. 달리 표현할 방법이 없다. 그래서 노자는 항구적인 무, 상무(常無)에서는 오묘함(妙)을 본다고 했다. 그렇다면 항구적인 유, 상유(常有)에서는 왜 경계(徼)를 본다고 했을까? 텅 빈 어머니의 자궁에서 생명체가 탄생하는 순간을 떠올려보자. 이 순간은 무라는 차원에서 유라는 차원으로 도의 속성이 바뀌는 순간이다. 즉 아무것도 없는 무에서 유가 막 태동하는 순간이다. 이 순간이 바로 경계다. 경계가 없으면 무는 영원히 무로 남는다. 생명의 기운을 받은 태아가 사람의 형상을 갖추는 순간, 씨앗에서 새싹이 싹트는 순간, 작은 점 하나가 빅뱅을 일으키는 순간. 이 순간들이 바로 경계이며, 이 경계는 인간과 만물, 우주가 사라지지 않는 한 영원히 지속된다. 그래서 상유(常有)에서는 경계(徼)를 본다고 한 것이다.

도가 인간의 삶에 구체적으로 영향을 미치는 방식은 끊임없는 긴장감과 역동성이다. 아침에 일어나서 '나는 곧 죽는다'라고 되뇌면서 자신을 삶과 죽음의 경계에 세워보라. 삶에 지루할 틈이 있겠는가? 삶은 살아서 펄떡이는 생선처럼 건강하고 역동적인 것이 되리라. 삶과 죽음이 경계를 이루는 스틱스강(그리스 신화에서 지상과 저승의 경계를 이루는 강)에 몸을 담그면 불멸의 존재가 되는 이유도 바로 여기에 있다. 경계가 주는 긴장감에 사람은 죽을 틈이 없다. 매일 살아있는 존재가 된다. 그렇게 살면 생활 속에서 도를 실천할 수 있다.

기업의 도는 무엇일까? 끊임없는 혁신이다. 도라고 일컬을 수 있는 것은 도가 아니듯이 혁신이라고 일컬을 수 있는 것은 이미 혁신이 아니다. 카니발리제이션(cannibalization)은 기업이 내놓은 후속 제품이 자사의 기존 제품 점유율을 갉아먹는 현상을 가리킨다. 동족 살인을 뜻하는 카니발리즘에서 유래했다. 얼마 전 작고한 하버드 경영 대학원의 클레이튼 크리스텐슨 교수가 주장한 '혁신기업의 딜레마'도 카니발리제이션과 같은 맥락의 용어다. 파괴적인 혁신을 일으키려면 기존 사업 영역에서 자기 잠식 현상이 일어날 수밖에 없다. 그러니 파괴적 혁신을 회피하고 단계적인 혁신에 그치게 되어 결과적으로 또 다른 파괴적 혁신을 불러온 기업에 추월당한다는 것이다. 이것이 클레이튼 교수가 말하는 혁신기업의 딜레마다. 이러한 딜레마를 두려워하면 창조적 파괴를 통한 혁신에 성공할 수 없다.

시계의 명가 스위스. 스위스 시계는 그 자체로 지위와 부를 상징했다. 스위스는 100년 이상 시계 시장을 지배했다. 하지만 1970년대 일본의 세이코와 카시오 등이 중저가 시계를 들고 나오면서 시계는 귀중품이 아니라 필수품이 되었으며 이때부터 스위스 시계의 독점체제가 무너졌다. 당시 스위스의 시계 공장 1,600개 가운데 무려 1,000개가 도산했다. 스위스는 당시 일본보다 먼저 쿼츠(Quartz, 종래의 태엽 구동 대신 수정진동자를 이용해 전지로 작동하는 시계)라 불리는 신기술을 개발해서 보유하고 있었지만 카니발리제이션을 두려워해 신기술을 제품 개발로 연결시키지 않았다. 그 틈을 일본 시계들이 파고들어 시계 제국 스위스를 무너뜨리기 시작했다.

카니발리제이션을 극복하고 혁신에 성공한 사례도 많다. 애플의 '아이패드'와 텐센트의 '위챗'이 대표적이다. 아이패드를 개발했을 당시 애플에서는 아이패드가 애플의 주력 상품이던 아이맥의 매출을 잠식할 수 있다는 부정적 의견이 있었다. 하지만 스티브 잡스는 이러한 카니발리제이션을 두려워하지 않고 아이패드를 출시했다. 그러자 우려했던 것처럼 자기 잠식 현상이 나타나기는 했지만 아이패드의 판매 실적이 워낙 뛰어나 아이맥의 손실을 메우기에 충분했다.

한편 텐센트가 운용하던 인스턴트 메신저 서비스인 큐큐(QQ)는 중국 내에서 독보적인 시장점유율을 자랑하고 있었다. 하지만 텐센트는 모바일이 대세를 형성해 나가자 카니발리제이션을 두려워하지 않고 과감하게 모바일용 메신저 위챗을 시장에 내놓았다. 위챗이 QQ를 일부 갉아먹었지만 10억 명에 이르는 신규 가입자들 덕분에 그 손실을 충분히 메우고도 남았다.

카니발리제이션을 두려워하면 혁신도 성공할 수 없다. 자기 살을 스스로 먹어치우겠다는 각오가 없으면 남에게 먹히고 말 것이다. 카니발리제이션이 두려워 과거에 머무른 기업들은 실패했고, 카니발리제이션을 두려워하지 않고 자기 살을 스스로 먹어치운 기업들은 성공했다. 과거의 명성에 집착하면 혁신할 수 없다. 과거의 이름은 이미 불린 이름이므로 도가 아니다. 거기에는 혁신이 없다. 미래가 없다.

2장

자신이 이루었다고 해서
소유물로 착각해서는 안 된다

生而不有(생이불유)

天下皆知美之爲美(천하개지미지위미): 세상 사람들이 입을 모아

아름답다고 하는 것은

斯惡已(사오이): 추한 것이다.

皆知善之爲善(개지선지위선): 세상 사람들이 입을 모아 착하다고

하는 것은

斯不善已(사불선이): 착하지 않은 것이다.

故有無相生(고유무상생): 그러므로 유와 무는 서로를 생성시키며

難易相成(난이상성): 어려움과 쉬움은 서로를 이루어준다.

長短相較(장단상교): 길고 짧음은 서로를 비교하고

高下相傾(고하상경): 높고 낮음은 서로에게 기댄다.

音聲相和(음성상화): 말소리와 성대의 울림은 서로 조화를 이루고

前後相隨(전후상수): 앞과 뒤는 서로를 따른다.

是以聖人處無爲之事(시이성인처무위지사): 따라서 성인은 무위에 처하고

行不言之敎(행불언지교): 말하지 않는 가르침으로 행한다.

萬物作焉而不辭(만물작언이불사): 만물을 만들고도 공치사하지 않으며

生而不有(생이불유): 모든 것을 낳고도 소유하지 않는다.

爲而不恃(위이불시): 일을 한 후 자랑하지 않으며

功成而弗居(공성이불거): 공을 이룬 후 거기에 머물지 않는다.

夫唯弗居(부유불거): 머물지 않기에

是以不去(시이불거): 자리를 잃는 일도 없다.

무와 유는 같은 도에서 나왔지만 이름이 다를 뿐이다. 무와 유가 한 몸으로 이루어지는 과정, 찰나, 경계에 도가 존재한다. 세상의 모든 현상에도 이런 이치가 적용된다. 아름다움과 추함, 선과 악, 길고 짧음, 높고 낮음, 앞과 뒤는 서로 이름이 다를 뿐 그것의 근원인 도의 입장에서 볼 때는 동일한 존재다. 구별은 되지만 차별되지는 않는다. 도는 그들의 경계에 살짝 걸쳐 있을 뿐이다. 그러므로 성인은 어느 한쪽 편을 들지 않는다. 무위한 채로 그냥 그대로 둔다. 유위의 책략을 동원해서 애써 가르치려 들지도 않는다. 만물을 생성시키면서도 공치사하거나 그것을 자기의 것으로 소유하지 않는다. 공을 이룬 후 그것에 집착하지도 않는다.

제프 베조스는 맨해튼의 잘나가는 금융전문가였다. 젊은 나이에 데스코라는 금융회사의 부사장 자리에까지 올랐다. 하지만 1993년 한 해 웹 활동이 2,300배나 급증하는 사실을 목격한 후 독립하기로 결심한다. 에브리싱 스토어(everything store)라는 개념에 착안해 온라인 쇼핑몰 플랫폼을 만들었는데, 처음 선택한 품목이 책이었다. 가장 큰 오프라인 서점인 반스앤노블에서는 300만 종의 책을 수용할 수 없지만 온라인에서는 가능하다는 것이 그의 생각이었다. 이렇게 탄생한 기업이 아마존이다.

아마존은 인터넷 서점의 효시가 아니었다. 제프 베조스가 아마존을 창업할 당시 미국에는 이미 북스닷컴(Books.com) 같은 온라인 서점이 여럿 있었다. 아마존이 이들을 제치고 더 크게 성공한 것은 제프 베조스가 그들보다 미래를 훨씬 더 멀리 내다보았기 때문이다. 그들이 강을 염두에 두고 사업을 할 때 제프 베조스는 바다를 내다봤다. 그러나 제프 베조스조차도 인터넷의 위력을 정확하게 예측하지 못했다. 창업 당시 그는 2000년도 아마존의 매출을 1억 1,400만 달러로 예측했지만 실제로는 16억 4,000만 달러였다. 바다가 아닌 우주가 기다리고 있었던 셈이다.

온라인 책 소매상으로 출발한 아마존은 아마존웹서비스(AWS) 론칭을 기점으로 첨단 테크놀로지 기업으로 탈바꿈했다. 클라우드라는 신개념을 도입했으며 저장 공간, 데이터베이스, 컴퓨팅파워, 메시지, 결제 등 인프라를 파는 사업을 성공리에 론칭시켰다. 오늘날 아마존의 AWS는 인스타그램, 넥플릭스뿐만 아니라 NASA와 CIA까지도 고객으로 거느리고 있을 정도로 경쟁력을 갖추었다.

AWS가 성공할 수 있었던 것은 제프 베조스의 철학 때문이었다. 그는 웹의 개방성을 믿고 고객들이 아마존의 웹에 와서 마음껏 헤집고 다닐 수 있도록 했다. 서버의 남는 공간을 임대해주어 개발자들이 어떤 애플리케이션이라도 아마존의 서버에서 돌릴 수 있도록 했다. AWS는 아마존이 개발했지만 소유권을 주장하지 않고 많은 이들에게 문을 활짝 열었다. 개발자들은 누구든지 그곳에 들어와 자신들의 독자적인 앱을 개발할 수 있다. 어떠한 문턱도, 제약도, 규제도 없다. 모든 것이 자유다. 아마존을 실리콘밸리에서 가장 잘나가는 혁신기업으로 키운 것은 자신들이 개발한 제품이나 서비스에 대한 소유권을 주장하지 않는 생이불유(生而不有), 즉 무소유의 전략이었다. 소유가 아니라 무소유의 관점으로 패러다임을 바꾸자 더 넓고, 더 큰 시장이 그들을 기다렸고, 결과적으로 아마존은 예전보다 더 큰 가치와 더 많은 매출을 만들 수 있게 되었다.

3장

사리사욕을 버리고
조직의 번영을 도모하라

不見可欲(불견가욕) **使民不爭**(사민부쟁)

不尙賢(불상현): 어진 사람을 떠받들지 않으면

使民不爭(사민부쟁): 백성들이 다투지 않는다.

不貴難得之貨(불귀난득지화): 구하기 어려운 물건을 귀하게 여기지
않으면

使民不爲盜(사민불위도): 백성들이 도둑질을 하지 않는다.

不見可欲(불견가욕): 탐욕을 멀리하면

使民心不亂(사민심불란): 백성들이 심란해하지 않는다.

是以聖人之治(시이성인지치): 그러므로 성인의 다스림은

虛其心(허기심): 마음은 비우고

實其腹(실기복): 배는 든든하게 하며

弱其志(약기지): 뜻은 약하게 하고

强其骨(강기골): 뼈는 강하게 한다.

常使民無知無欲(상사민무지무욕): 백성들로 하여금 지식과 욕망을
멀리하게 하고
使夫智者不敢爲也(사부지자불감위야): 감히 지혜를 뽐내지 못하게
한다.
爲無爲則無不治(위무위즉무불치): 무위하면 다스려지지 않는 것이
없다.

《도덕경》 1장은 도에 대한 총론적 성격을 갖고, 2장은 도가 사물에 적
용되는 모습을 다루고 있으며, 3장은 도가 인간의 공동체에 적용되는
모습을 보여준다. 결론은 역시 무위다. 어진 사람을 떠받들기 때문에
사람들이 서로 어질게 되려고 다툰다. 사람을 그저 사람으로서 존중하
고 대접하면 그런 다툼이 사라진다는 것이 노자의 논리다. 2장에서 보
았듯이 차별은 도에 어긋난다. 높은 자리에 올라서 남들보다 더 특별
한 대접을 받고 타인을 지배하려고 하는 욕망이 사람의 마음을 혼란스
럽게 하고 사회적 다툼을 낳는다. '내로라'하는 특권의식이 탐욕을 낳
고 그 탐욕이 쌓여 사회적 갈등과 혼란을 가져온다. 마음을 비우고 배
를 든든하게 한다는 것은 마음속의 욕망을 걷어내고 삶의 본질에 집중
한다는 의미다. 뜻은 약하게 하고 뼈는 강하게 한다는 문장도 같은 맥
락을 갖는다.

　　미국 시애틀에 본사를 둔 스타벅스는 전 세계 78개 국가에 2만
4,000개의 매장을 개설한 글로벌 기업이다. 스타벅스는 미디어를 이용

한 광고를 일체 하지 않는다. 그런데 어떻게 사람들에게 알려지고, 세계 최고의 커피 브랜드가 되었을까? 스타벅스는 광고비를 들이지 않는 대신 그 비용을 매장의 디스플레이와 종업원들의 복지에 투자한다. 매장은 누가 봐도 고급스럽고 안락해 보이도록 꾸민다. 그리고 매장을 방문해서 최고의 공간과 서비스를 경험한 고객들의 입소문으로 미디어 광고를 대신한다. 매장을 꾸미는 데 돈을 많이 들인다고 해서 스타벅스의 실내 디자인이 화려하다거나 웅장한 것은 아니다. 오히려 그 반대다. 스타벅스 매장은 디자인이 심플하고 군더더기가 전혀 없다. 미니멀리즘의 정신을 구현하고 있는 것이다.

스타벅스의 경영에서 우리가 가장 주목해야 할 부분은 그들이 종업원들을 차별적으로 대우하지 않는다는 사실이다. 스타벅스는 파트타임 종업원들에게도 정규직과 똑같은 의료보험 혜택을 주고, 스톡옵션도 동등하게 나눠준다. 스타벅스를 세계적인 기업으로 키운 하워드 슐츠는 이렇게 말한다.

"매장에서 고객이 경험하는 것은 곧 그 업체의 생명이다. 한번 나쁜 경험을 하면 당신은 그 고객을 영원히 잃어버리는 것이다. 만일 당신의 사업이 대학에 다니는, 한 스무 살 먹은 파트타임 종업원의 손에 달렸다면 그 사람을 단순한 소모품으로 다룰 수 있겠는가? 나는 경주에서 승리하기를 원한다. 또한 나는 경주가 끝났을 때 아무도 뒤처지지 않기를 바란다. 만일 소수의 회사 간부와 주주들이 종업원을 희생시켜 승리한다면 그것은 승리라고 할 수 없다. 우리 모두가 함께 결승 테이프에 도달해야 한다."

《도덕경》3장은 정규직과 비정규직의 문제, 노사갈등, 조직 내 리더십 문제 등 기업경영에서 일어나는 여러 가지 문제들의 근본 원인과 해결 방안에 대한 실마리를 제공해준다. 정규직을 차별적으로 우대하기 때문에(尚賢) 다툼(爭)이 일어나게 되고, '옛날에 내가 해봐서 다 안다. 너는 시키는 대로만 하면 된다'라며 자신의 지식을 뽐내려는 욕망(知欲)이 꼰대 리더십을 만든다. 차별적 대우를 없애면 다툼이 사라지고, 지적 허영심을 내려놓으면 꼰대 리더십을 소통 리더십으로 바꿀 수 있다. 스타벅스는 《도덕경》의 이 가르침에 가장 잘 어울리는 기업이다.

4장

새로 비워야 혁신을 시작할 수 있다

道沖而用之(도충이용지)

道沖而用之(도충이용지): 도는 비어 있기에 그 쓰임이 있다.

或不盈(혹불영): 혹여 가득 차지 않아도

淵兮似萬物之宗(연혜사만물지종): 심연처럼 깊어 만물의 으뜸이

된다.

挫其銳(좌기예): 예리한 것은 다듬어주고

解其紛(해기분): 맺힌 것은 풀어주고

和其光(화기광): 눈부신 것은 은은하게 하고

同其塵(동기진): 마침내 먼지와 하나가 된다.

湛兮似或存(잠혜사혹존): 깊디깊은 곳에 뭔가 존재하는 듯하지만

吾不知誰之子(오부지수지자): 나는 그 실체를 알지는 못한다.

象帝之先(상제지선): 다만 상제보다 먼저 있음은 분명하다.

4장부터는 도의 속성에 대한 설명이 계속 이어진다. 도의 가장 큰 속성은 비움(沖)이다. 빈 그릇, 빈 방처럼 도에는 내용물이 차 있지 않고 비어 있다. 그렇기 때문에 만물의 시작, 으뜸, 어머니가 될 수 있다. 빈 그릇에는 무슨 음식이든 다 담을 수 있고, 빈 방에는 무슨 물건이든 다 가져다 놓을 수 있다. 그릇에 물이 담겨 있거나 방에 물건들이 가득 차 있으면 나머지 것들은 모두 배제된다. 더 이상 수용될 수 없다. 도는 배제가 아니라 수용이다. 그 어떤 것도 내치지 않고 무조건 다 받아들인다. 어머니의 자궁은 비어 있기 때문에 생명을 무한히 만들어낼 수 있다. 빈 타석, 빈자리도 이 같은 형태로 도를 이해하는 데 도움을 준다. 타석이 비어 있어야 타자가 들어설 수 있고, 경기가 진행된다. 자리가 비어 있기 때문에 앉을 수 있다. 누군가에게 점유된 자리는 앉음이라는 도의 실체, 내용물을 생산할 수 없다.

혁신의 관건은 스스로를 비우는 것이다. 과거의 명성을 비우고, 실적을 비워야 새로운 것을 채울 수 있다. 코닥은 1970년대까지만 해도 필름 시장의 80퍼센트 이상을 점유했다. 경쟁 상대가 없었다. 그런데 코닥은 1980년대부터 무너지기 시작했다. 스스로를 비우지 못했기 때문이다. 코닥의 연구진들은 세계에서 가장 먼저 디지털 기술을 개발했지만 경영진이 오판했다. 코닥의 경영진은 당시 잘나가던 필름 시장의 잠식을 우려해 디지털 기술을 상품화하지 않았다. 코닥은 과거를 비우는 일에 실패함으로써 시장에서 퇴출됐다.

한편 바슈롬은 선글라스의 대명사로 불리던 레이밴(Ray Ban, 광선을 차단한다는 의미로 원래는 공군 파일럿을 위한 특수 안경으로 제작되었다)을 만들어 히트시킨 기업이다. 바슈롬이 두 번째로 히트시킨 상품은 콘택트렌즈다. 포스트잇, 스테이플러처럼 제품 이름이 고유명사가 되었을 정도로 콘택트렌즈는 대박을 터뜨렸다. 그런데 바슈롬에게 더 많은 수입을 가져다 준 것은 렌즈 세정액이었다. 렌즈 판매 수익보다 세정액 판매 수익이 훨씬 더 많았다. 이것이 바슈롬의 발목을 잡았다. 바슈롬은 일회용 콘택트렌즈 기술을 보유하고 있었지만 세정액 판매 수익을 놓치지 않으려고 그 기술을 제품화하지 않았다. 그 틈을 비집고 들어온 기업이 존슨앤존슨의 자회사 비스타콘이었다. 비스타콘은 일회용 콘택트렌즈를 개발해 아큐브라는 이름으로 내놓았고 단숨에 바슈롬을 제치고 콘택트렌즈 시장 1위에 등극했다.

5장

단순할수록 가능성이 무한해진다

多言數窮(다언삭궁)

天地不仁(천지불인): 하늘과 땅은 무심하다.

以萬物爲芻狗(이만물위추구): 만물을 짚으로 만든 개로 여긴다.

聖人不仁(성인불인): 성인도 무심하다.

以百姓爲芻狗(이백성위추구): 백성들을 짚으로 만든 개로 여긴다.

天地之間(천지지간): 하늘과 땅 사이는

其猶橐籥乎(기유탁약호): 마치 풀무와 같다.

虛而不屈(허이불굴): 비어 있으나 다함이 없고

動而愈出(동이유출): 움직일수록 더욱 더 많은 것을 생성시킨다.

多言數窮(다언삭궁): 말이 많으면 처지가 궁색해진다.

不如守中(불여수중): 마음속에 담고 있는 것만 못하다.

5장은 4장에 이어 도의 가장 큰 속성인 비움에 대해 설명하고 있다. '천지불인(天地不仁)', '성인불인(聖人不仁)'은 상식을 뛰어넘는 표현이다. 따라서 제대로 이해하려면 고정관념을 버려야 한다. 유교에서는 인(仁)을 최고의 덕목으로 여긴다. 하지만 노자는 거꾸로 이해한다. 인은 사람이 만들어낸 인위적인 질서에 가치를 부여한 것으로 자연스럽지 못하다는 것이 노자의 생각이다. 인(仁)한 사람이 있으면 불인(不仁)한 사람도 있는 것이고, 그러니 세상은 차별적 세상이 되어 사회적 혼란의 단초가 된다는 것이다. 세상이 평화로우려면 인을 버리고 무위해져야 한다. 노자에게는 무위와 자연이 최고의 질서이자 최선의 가치다. 이런 논리에 기대면 천지와 성인은 인할 수 없다. 불인을 '어질지 못하다'로 해석하면 의미가 제대로 전달되지 않는다. 그래서 무위에 초점을 맞춰 '무심하다'로 번역했다. 무위하기에 천지와 성인은 만물이나 백성에게 특별한 가치를 부여하지 않는다. 다만 있는 그대로 바라보고, 존재의 의미 그대로 대우할 뿐이다. 짚으로 만든 개(芻狗)는 무가치, 몰가치를 상징하는 표현이다.

대장간에서 쓰이는 풀무(橐籥)는 쇠를 달구거나 녹이기 위해 화덕에 뜨거운 공기를 불어넣는 기구를 말한다. 풀무의 속이 차 있으면 화덕에 공기를 불어넣을 수 없다. 풀무의 본질은 비어 있음이다. 비어 있기 때문에 대장장이에게 쓸모가 있는 것이다. 비어 있지만 이를 통해 화덕에 뜨거운 공기를 불어넣으면 생활에 쓰이는 칼과 낫, 망치, 군사용으로 쓰이는 병장기 등 못 만드는 물건이 없다. 비어 있는 무(無)의 상태인 풀무가 유용한 기물을 만들어내는 것이다.

현상학의 시조 에드문트 후설은 사물의 본질을 제대로 파악하려면 구구한 설명을 걷어내야 한다고 말한다. 노자도 그렇게 보았다. 그래서 다언삭궁, 말이 많으면 처지가 궁색해진다고 한 것이다.

구글은 1998년 스탠퍼드대학교 박사과정에 다니던 래리 페이지와 세르게이 브린이 공동으로 설립한 회사다. 올해로 22년이 됐다. 창립 22년 만에 구글은 4차 산업혁명 시대를 선도하는 대표기업으로 우뚝 섰다. 과거에는 모든 길이 로마로 통했지만 이제는 모든 길이 구글로 통한다. 세상은 글로벌라이제이션이 아니라 구글라이제이션이다. 최근 구글이 50큐비트짜리의 양자컴퓨터 개발에 성공함으로써 구글라이제이션이 한층 더 선명한 모습으로 우리 곁에 다가오고 있다.

구글의 시작은 매우 단순했다. 작은 검색창 하나가 구글을 성공으로 이끈 핵심 비결이다. 구글 이전에 인터넷을 지배했던 야후는 홈화면을 화려하게 꾸몄다. 뉴스, 스포츠, 날씨, 쇼핑, 게임 등 방문자들의 눈길을 사로잡을 수 있는 콘텐츠를 풍부하게 진열했다. 야후는 사용자들이 자신들의 홈화면에서 가급적 오래 머물기를 바랐다. 하지만 구글은 반대로 했다. 구글은 홈화면에 검색창 하나만 덩그러니 있을 뿐 나머지는 텅 비어 있다. 마치 사막을 연상케 한다. 구글은 방문자들을 길게 붙잡아두지 않는다. 자유롭게 놔둔다. 사용자들은 검색창에 검색어를 입력한 후 자신들이 원하는 정보가 있는 곳으로 바로바로 이동한다.

야후가 유위의 전략을 썼다면 구글은 무위의 전략을 썼다. 결과는 구글의 완승이었다. 구글은 창업한 지 3년 만에 야후와 알타비스타, 익사이트 등 경쟁업체들을 멀찌감치 따돌렸으며 지금은 글로벌 포털 시장의 80퍼센트를 점령하고 있다. 사용자들은 비움의 미학과 무위지치(無爲之治)를 기초로 설계된 심플한 구글의 검색창에서 편안함과 친숙함을 느껴 자연스럽게 구글로 향한다.

6장

혁신의 계곡은 쉼 없이 흐른다

谷神不死 (곡신불사)

谷神不死 (곡신불사): 계곡의 신은 죽지 않는다.

是謂玄牝 (시위현빈): 그것은 넓고 깊은 여성의 자궁과 같다.

玄牝之門 (현빈지문): 넓고 깊은 여성의 자궁 문은

是謂天地根 (시위천지근): 하늘과 땅의 근원이다.

綿綿若存 (면면약존): 끊어질듯 하면서도 면면히 이어지고

用之不勤 (용지불근): 아무리 써도 다함이 없다.

노자는 도를 텅 빈 계곡, 자궁에 비유하고 있다. 텅 빈 계곡에서 만물이 생성되므로 곡신(谷神)은 죽지 않는 것이 당연하다. 여성의 자궁도 같은 이치다. 텅 비어 있는 그곳에서 생명체가 탄생하므로 천지의 근원이다. 인류가 처음 탄생할 때도 그곳에서 태어났고, 지금도, 미래에도 인류는 그곳에서 태어난다. 그러므로 끝없이 이어지고 아무리 써도 다

함이 없다.

예부터 실리콘밸리는 '마음속에 행복이 충만한 계곡'이라 불렸다. 컴퓨터광들이 그곳을 장악하기 전까지 실리콘밸리는 과수원과 통조림 공장, 건조용 창고들로 가득했다. IT기업들이 빼곡하게 들어찬 지금의 실리콘밸리 계곡에는 기술혁신에 대한 열정과 에너지가 끊임없이 솟아오른다. 실리콘밸리는 노자가《도덕경》6장에서 말하는 곡신불사(谷神不死)에 가장 잘 어울리는 계곡이다. 텅 빈 계곡에서 생명의 기운이 샘솟듯이 실리콘밸리의 계곡에서는 혁신의 기운이 샘솟는다. 실리콘밸리에서 가장 흔히 들을 수 있는 말이 '우리는 돈 때문에 일하지 않는다'와 '우리는 실패를 용인한다'라는 말이다. 실리콘밸리에는 '하이 리스크 하이리턴(high risk high return)'이라는 기업가정신이 흐른다. 실리콘밸리에 넘쳐나는 이 기업가정신이 4차 산업혁명이라는 패러다임의 변혁을 불러왔다고 해도 과언이 아니다. 실리콘밸리의 천재들에게 돈과 성공은 기술혁신에 대한 열정의 결과물이지 그 자체로 목적이 아니다.

실리콘밸리에 혁신의 씨앗을 뿌린 사람은 '실리콘밸리의 아버지' 프레더릭 터먼이다. 스탠퍼드대학교 교수로 있던 터먼은 정부 프로젝트를 대량으로 수주해 학생들이 재정적 부담을 느끼지 않고 연구에 몰두할 수 있도록 도와줬고, 그들이 일군 연구 성과를 창업으로 연결할 수 있도록 길을 터줬다. 터먼이 키운 실리콘밸리의 첫 번째 빅 컴퍼니가 바로 휴렛팩커드다. 터먼은 휴렛과 팩커드 두 사람이 그들의 꿈을 키올 수 있도록 장학금을 주선해주고 일자리도 마련해주었다. 이를 계기로 휴렛과 팩커드는 팰로앨토 지역의 허름한 창고를 빌려 휴렛팩커드를 창업했고, 실리콘밸리 창고 창업의 원조가 되었다. 회사명은 두 사람의 이름에서 땄는데, 동전던지기로 휴렛의 이름을 먼저 쓰게 되어 지금의 이름으로 정해졌다. 휴렛팩커드의 뒤를 이어 인텔, 애플, 마이크로소프트, 오라클, 구글, 아마존, 스페이스엑스 등의 걸출한 혁신기업들이 줄줄이 탄생했고, 바야흐로 실리콘밸리는 혁신의 성지가 됐다.

7장

권위적인 사람은
결코 혁신을 이루어낼 수 없다

聖人後其身而身先(성인후기신이신선)

天長地久(천장지구): 하늘은 높고 땅은 끝이 없다.

天地所以能長且久者(천지소이능장차구자): 하늘이 높고 땅이 끝이

없는 까닭은

以其不自生(이기부자생): 스스로를 드러내려고 굳이 애쓰지 않기

때문이다.

故能長生(고능장생): 그러기에 오래갈 수 있는 것이다.

是以聖人後其身而身先(시이성인후기신이신선): 성인은 몸을 뒤에

두기에 앞설 수 있고

外其身而身存(외기신이신존): 몸을 밖에 둠으로써 몸을 보존한다.

非以其無私邪(비이기무사사): 사사로운 마음을 앞세우지 않기에

故能成其私(고능성기사): 능히 자신을 이룰 수 있다.

노자는 도의 원리를 자연의 질서에서 구한다. 그리고 그렇게 구해진 도를 인간의 삶에 적용한다.《도덕경》을 처음 접하면 도통 무슨 의미인지 알 수 없고 그저 뜬구름 잡는 소리처럼 들린다. 하지만 두 번, 세 번 반복해서 읽다 보면 노자의 진의를 파악할 수 있다. 그의 메시지가 궁극적으로 향하는 지점은 구체적인 인간의 삶이다.《도덕경》은 제목 그대로 인간들이 세상을 살아가면서 지켜야 할 도리, 도덕에 관한 경전이다. 7장에서는 하늘과 땅의 존재 양식과 운행 원리에 비춰서 공동체 생활을 하는 인간들의 바람직한 처신, 도리를 설명하고 있다. 하늘과 땅은 언제나, 늘 그대로 있다. 자신을 드러내지도, 자랑하지도 않는다. 무리하게 운행 속도를 올리지도 않고, 누구를 추월하려고 달음박질하지도 않는다. 바람이 불면 바람을 자신에 앞세우고 자신은 뒤에서 따라간다. 산이 높이 뻗으면 하늘은 산에게 공간을 내주고, 땅은 자신의 자리를 내준다. 그리고 묵묵히 그 곁에서, 그 밑에서 산을 떠받든다. 자신의 욕망을 노골적으로 드러내지 않기에 하늘과 땅은 장수하고, 모든 것을 이룬다. 인간들도 그와 같이 살라는 것이 노자의 주문이다.

　실리콘밸리에도 명암이 교차한다. 산이 높으면 골이 깊듯이 실리콘밸리의 정상에 선 천재들에게도 시련과 역경이 뒤따랐다. 애플의 스티브 잡스가 대표적이다. 잡스는 태어나자마자 친부모로부터 버림을 받는다. 이런 출생의 비밀은 잡스의 내면과 성격 형성에 큰 영향을 미쳤다. 잡스는 대학 진학 당시 양부모와 갈등을 겪었고, 대학에 진학해서도 공부는 뒷전으로 미뤘다. 대신 동양철학과 강력한 환각제 중 하나인

LSD에 심취했다.

리드대학교를 중퇴한 잡스는 아타리라는 회사에 취업하지만 모난 성격 탓에 동료들과 잘 어울리지 못한다. 애플을 창업한 이후에도 잡스의 이런 단점은 고쳐지지 않았다. 그는 독선적이고 권위적이었으며 부하 직원들을 함부로 대했다. 인격적으로 모욕감을 주는 막말도 서슴지 않았고 엔지니어들과 팀을 이뤄 만들어낸 기술적 성과를 자신의 이름으로 포장하고 싶어 했다. 잡스는 자신의 몸을 뒤로 물릴 줄 몰랐다. 그것이 화근이 돼 결국은 애플에서 쫓겨난다. 1985년 애플 이사회는 잡스의 독단적인 리더십을 문제 삼아 그를 애플에서 해고하기로 결정한다. 잡스는 그가 보유하고 있던 애플 주식 가운데 딱 한 주만 남기고 모두 처분한 후 애플을 떠난다.

잡스가 애플에 복귀한 것은 그로부터 11년이 지난 1996년이다. IT의 패러다임을 바꿔놓은 탁월한 혁신 기기들은 잡스가 애플에 복귀한 이후에 나온 것들이다. 광야를 떠돌면서 잡스는 몸을 뒤로 물리는 방법을 깨달았다. 이는 예전 같은 심각한 트러블 없이 혁신 제품을 탄생시키는 원동력이 되었다. 하지만 이번에는 병마가 그의 발목을 잡았다. 잡스는 2011년 췌장암으로 세상을 떠난다. 앞서고자 하면 몸을 뒤에 두라는《도덕경》7장의 가르침을 좀 더 일찍 깨달았더라면 세상을 떠나기 전 좀 더 많은 혁신을 인류에게 선물했을 텐데, 소통에 서툴렀던 천재에게서 느끼는 아쉬운 대목이다.

8장

잘나갈수록 물처럼 몸을 낮춰라

水善利萬物而不爭(수선리만물이부쟁)

上善若水(상선약수): 가장 좋은 것은 물처럼 되는 것이다.

水善利萬物而不爭(수선리만물이부쟁): 물은 만물을 이롭게 하면서도

다투지 아니하고

處衆人之所惡(처중인지소오): 모두가 싫어하는 곳에 자신을 둔다.

故幾於道(고기어도): 그러므로 물은 도에 가깝다.

居善地(거선지): 좋은 땅을 골라 거처로 삼고

心善淵(심선연): 마음은 맑고 깊은 연못을 닮는다.

與善仁(여선인): 착하고 어진 사람과 사귀고

言善信(언선신): 말에는 신뢰가 있고

正善治(정선치): 다스릴 때는 바르게 한다.

事善能(사선능): 일을 할 때는 최선을 다하고

動善時(동선시): 때를 가려 움직인다.

夫唯不爭(부유부쟁): 다투는 일이 없으니

故無尤(고무우): 허물을 남기지도 않는다.

8장에서는 도를 물에 비유하면서 바람직한 삶의 자세에 대해 언급하고 있다. 낮은 곳으로 쉼 없이 흐르고, 더러운 곳도 마다하지 않고, 다른 사물과 다투지 않는 물의 속성을 닮아서 겸손하고, 착하고, 평화롭게 살라고 가르친다. 물의 가장 큰 속성은 낮은 곳으로 흐르는 것이다. 강물을 거슬러 위로 오르는 연어는 있지만 물살을 거슬러 위로 향하는 물은 없다. 강물은 언제나 밑으로 흐른다. 그러므로 겸손하다. 또한 물은 남들이 싫어하는 곳도 마다하지 않는다. 오물이 쌓여 있는 더러운 웅덩이에도 물이 있고, 진흙탕에도 물이 있다. 그리고 물은 남들과 다투지 않는다. 밑으로 흘러가다가 바위를 만나면 바위에게 저리 비키라며 시비를 걸지 않는다. 자신이 알아서 옆으로 돌아간다. 그러므로 물은 평화주의자다.

지금의 실리콘밸리를 있게 한 또 다른 주역은 히피다. 히피들은 컴퓨터를 중앙집권화된 통제 사회로 가는 도구로 생각하고 배척했다. 하지만 해커들을 중심으로 컴퓨터를 자유로운 세계로 가는 미래지향적 도구로 인식하기 시작하면서 실리콘밸리에는 새로운 기운이 싹텄다. 히피 문화 전도사인 스튜어트 브랜드는 1968년 발간된 〈더 홀 어스 카탈로그(The Whole Earth Catalog)〉에 이렇게 썼다.

"개인적 능력의 영역이 커지고 있다. 스스로 학습하고, 자신만의 영감의 원천을 발견하고, 스스로 환경을 만들어나가고, 관심 있는 주변 사람들과 모험을 공유할 수 있는 능력 말이다. 늘 갈망하고 우직하게 나아가라. Stay hungry, Stay foolish."

브랜드에게 영감을 받은 천재들은 하나둘 실리콘밸리로 모여들어 '홈블루'라는 컴퓨터 동호회를 조직한다. 이 동호회에 열성적으로 참여한 인물 가운데 스티브 워즈니악이 있었다. 워즈니악은 이 동호회에서 애플컴퓨터에 관한 아이디어를 떠올렸다. 컴퓨터와 모니터, 키보드가 하나로 통합된 새로운 형태의 컴퓨터였다. 워즈니악은 즉석에서 자신의 아이디어를 종이 위에 스케치했다. 그리고 몇 달 동안 집과 직장(HP)을 오가면서 개발에 매달린 결과, 마침내 애플컴퓨터를 완성했다. 애플은 워즈니악이 개발한 컴퓨터를 상업적으로 팔기 위해 만든 기업이었다. 역사적으로 볼 때 애플 창업의 일등 공신은 스티브 잡스가 아니라 스티브 워즈니악이다. 애플이 컴퓨터업계의 공룡으로 군림하던 IBM을 꺾고 실리콘밸리의 정상에 오를 수 있었던 것도 워즈니악의 뛰어난 기술력 덕분이었다. 스티브 잡스는 워즈니악이 개발한 애플컴퓨터의 디자인을 보다 더 세련되게 만들었을 뿐 기술적인 면에서는 사실상 아무런 기여도 하지 않았다.

워즈니악은 애플에서 잡스와 동일한 지분을 갖고 있었지만 잡스처럼 직원들과 다투지 않았다. 물처럼 겸손해 잡스처럼 '더 높은' 곳을 열망하기보다는 엔지니어로서 묵묵히 자신의 일에만 몰두했다. 회사가 잘나갈 때나 어려울 때나 늘 한결같았다. 워즈니악은 잡스와 다른 자신에 대해 이렇게 말했다.

"아버지는 제게 늘 중용의 도를 지키라고 말씀하셨어요. 그래서 저는 스티브와 달리 상류사회로 올라가고 싶은 욕심이 없습니다. 제 꿈은 그저 아버지처럼 엔지니어가 되는 것이었습니다."

잡스는 가장 친한 친구에게도 자신의 주식 지분을 나눠주지 않았지만, 워즈니악은 아낌없이 자신의 지분을 나눠줬다. 워즈니악은 '물은 만물을 이롭게 하면서도 다투지 않는다'는 《도덕경》 8장의 가르침에 가장 잘 어울리는 실리콘밸리의 천재였다.

한 번의 성공으로
천하를 부릴 수 있다고 착각하지 마라

金玉滿堂(금옥만당) 莫之能守(막지능수)

持而盈之(지이영지): 가졌으면서 더 채우려 하는 것은

不如其已(불여기이): 적당할 때 멈추는 것만 못하다.

揣而銳之(췌이예지): 충분히 날카로운데 더 벼리면

不可長保(불가장보): 오래 보관할 수가 없게 된다.

金玉滿堂(금옥만당): 금은보화가 집에 가득해도

莫之能守(막지능수): 능히 이를 지키는 것만 못하다.

富貴而驕(부귀이교): 부귀를 누리면서 교만하면

自遺其咎(자유기구): 스스로에게 허물을 남긴다.

功遂身退(공수신퇴): 공을 세운 후에는 몸을 물리는 것이

天之道(천지도): 하늘의 도다.

9장은 비움의 미학을 좀 더 알기 쉽게 설명하고 있다. 넘치는 것보다는

조금 모자란 것, 지나치게 날카로운 것보다는 돌처럼 둥글둥글하고 원만한 것에 도가 있다는 것이 노자의 생각이다. 재산도 마찬가지다. 주체할 수 없을 정도로 많은 재물을 쌓아두는 것보다는 적당하게 벌어서 알뜰살뜰 살아가는 것이 행복에 더 가깝다고 말한다. 사회적 명성도 그것에 너무 집착하면 몸에 해롭다고 본다. 적당하게 공을 세웠으면 겸손하게 몸을 뒤로 물리라고 말한다. 그래야 신상에 허물을 남기지 않는다. 우리 주변에서 그런 예를 찾아보는 것은 어렵지 않다. 더 많은 권력, 더 많은 재물, 더 많은 명성을 쌓으려다가 오히려 가진 것을 잃고 이름을 더럽히는 정치인들이나 기업인들, 연예인들을 너무 많이, 너무 자주 보고 있지 않은가?

매년 8월 마지막 주 월요일부터 9월 첫째 주 월요일까지 미국 네바다주의 블랙록(Black rock) 사막에서는 일시적으로 존재하는 가상의 도시 블랙록 시티에서 예술 축제인 버닝맨(Burning man) 축제가 열린다. 버닝맨 축제에 모여드는 7만여 명의 참가자들 중에는 실리콘밸리의 천재들이 상당수 포함되어 있다. 구글의 공동 창업자 세르게이 브린과 래리 페이지, 스페이스엑스의 CEO 일론 머스크, 아마존의 제프 베조스는 이 축제의 단골손님들이다. 페이스북의 마크 저크버그도 가끔 참가자 명단에 이름을 올린다. 사막은 아무것도 없는 무의 세계다. 유위와 의도, 욕망이 완벽하게 배제된 채 텅 비어 있는 공간이다. 사막은 자연 그 자체의 자유로움이다. 실리콘밸리의 천재들은 광활한 무의 사막에서 비움의 미학을 체득했고, 그것을 경영에 적용했다.

구글이 일정 궤도에 오르자 30대 초반의 두 젊은 천재들만의 힘으로는 이끌어가기가 힘들어졌다. 세르게이 브린과 래리 페이지는 소유와 지배에 대한 욕심을 내려놓고 전문 경영인 영입에 나섰다. 18개월간 일흔네 명의 후보들을 인터뷰했지만 적임자를 찾지 못하다가 마침내 영입한 인물이 바로 에릭 슈미트였다. 이들이 에릭 슈미트를 적임자로 낙점한 이유는 그의 특별한 이력 때문이었다. 에릭 슈미트는 많은 후보자들 가운데 유일한 버닝맨 축제 참가자였다. 두 사람의 공동 창업자는 블랙록 사막의 가치와 정신을 이해하는 사람이라면 구글과 함께해도 괜찮다고 판단했다. 몸을 뒤로 물릴 줄 몰랐던 스티브 잡스는 11년이라는 긴 세월동안 자신이 창업한 기업에서 쫓겨나 광야를 떠도는 신세가 되었지만, 몸을 뒤로 물릴 줄 알았던 구글의 두 공동 창업자는 그런 시련을 겪지 않았다. 이들이 창업한 후 지금까지 특별한 부침 없이 기업을 잘 이끌고 있는 것도 그런 처신 덕분이다.

10장

누구의 조언도 받아들이지 못한다면
리더가 될 수 없다

生之畜之(생지축지) 爲而不恃(위이불시)

載營魄抱一(재영백포일): 혼백을 몸에 실어 꼭 껴안은 채

能無離乎(능무리호): 떨어져나가지 않게 할 수 있겠는가?

專氣致柔(전기치유): 기운을 오롯이 하여 부드러움에 이르러

能嬰兒乎(능영아호): 갓난아이처럼 될 수 있겠는가?

滌除玄覽(척제현람): 넓고 깊은 도의 거울을 씻고 닦아서

能無疵乎(능무자호): 티끌이 하나도 없게 할 수 있겠는가?

愛民治國(애민치국): 백성을 사랑하고 나라를 다스림에

能無知乎(능무지호): 무지로 할 수 있겠는가?

天門開闔(천문개합): 하늘 문을 열고 닫음에

能無雌乎(능무자호): 암컷의 도움 없이도 그리 할 수 있겠는가?

明白四達(명백사달): 밝은 것이 사방에 도달함에

能無爲乎(능무위호): 무위로 그리 할 수 있겠는가?

生之畜之(생지축지): 도는 만물을 낳고 기른다.

生而不有(생이불유): 낳았으되 소유하지 않고

爲而不恃(위이불시): 일을 이루되 의지하지 않고

長而不宰(장이부재): 널리 베풀되 지배하지 않으니

是謂玄德(시위현덕): 이를 일컬어 넓고 깊은 덕이라 한다.

노자는 영혼과 육체의 합일 상태에 도가 존재한다고 말한다. '재영백포일(載營魄抱一)'이라는 문장은 《도덕경》 가운데 특히 논란이 많은 대목 가운데 하나다. 여기서는 '하나로 껴안다', '하나로 품다'라는 포일(抱一)에 초점을 맞춰 영혼과 육체가 하나가 된다는 의미로 해석했다. 그 다음 문장부터는 해석하는 데 특별한 어려움이 없다. 도는 어린아이처럼 부드럽고 순진무구하며, 티끌 없이 깨끗하다.

　노자는 나라를 다스리는 지도자가 어린아이처럼 부드럽고 순진무구하고 깨끗한 리더십을 가지면 도를 실천할 수 있다고 본다. 암컷(雌)의 도움 없이 하늘 문을 열고 닫는다는 문장과 밝은 것이 사방에 도달함에 무위로 한다는 문장은 자연을 닮은 유연한 리더십을 강조하는 대목이다. 낳았지만 소유하지 않는다는 '생이불유'와 이후의 문장들은 2장에서도 나온 내용이다. 《도덕경》에는 이처럼 앞에서 나온 구절이 뒤에서 반복되는 곳이 꽤 있다. 그렇다고 서술의 완결성에 문제를 일으키는 것은 아니다. 의미를 강조하려다 보니 같은 말을 되풀이하는 것으로 이해하면 된다.

과학기술의 발전이라는 측면에서 실리콘밸리의 역사를 평가할 때 첫 손가락에 꼽히는 인물은 단연 윌리엄 쇼클리다. 쇼클리는 천재 중에서도 천재였다. 성격이 괴팍해 인격적으로 존경받지는 못했지만, 실리콘밸리에 실리콘이라는 이름이 들어가게 된 것은 순전히 쇼클리 덕분이었다. 26세에 MIT에서 박사학위를 받은 쇼클리는 에이티앤티(AT&T)가 설립한 벨 전화연구소에 취직한다. 당시 벨 연구소는 더욱 안정적인 통화 서비스를 제공하기 위해 네트워크상에서 전류를 증폭시켜주는 진공관보다 더 뛰어난 장치가 필요했다.

쇼클리는 벨 연구소에서 추진 중이던 이 프로젝트의 팀장을 맡았다. 쇼클리는 서로 비슷한 분자구조를 가지는 실리콘이나 게르마늄 같은 불활성 수정체 물질로 된 절연체와 도체의 역할을 병행하는 반도체(semiconductor)를 개발하기 위해 몰두했다. 일순 도체의 성질을 띠다가 바로 절연체의 성질을 발휘하는 것, 그것이 바로 반도체의 신비였다. 과학자들은 그동안 이 현상을 통제하기 위해 양자역학과 같은 첨단 물리학 이론을 동원하기도 했지만 아무도 성공하지 못하고 있었다. 이것을 해낸 인물이 바로 쇼클리다. 쇼클리는 존 바딘과 월터 브래튼이라는 두 젊은 연구원들과 함께 반도체를 발견한 공로로 노벨물리학상을 받았다.

쇼클리는 자신의 명성을 앞세워 회사를 만들었다. 하지만 엔지니어로서 쇼클리는 탁월했지만 CEO로서는 그렇지 못했다. 쇼클리는 자신의 명성에 너무 집착했다. 직원들이 뭔가 문제를 제기하려고 하면 "내가 누군지 몰라? 나 노벨상 받은 사람이야"라며 그들을 무시했다. 심지어는 직원들을 통제하기 위해 사무실에 도청 장치를 설치해 사람들을 경악시켰다. 직원들은 쇼클리의 회사를 정신병동이라 불렀으며 급기야 핵심 엔지니어 여덟 명이 한날한시에 집단으로 사직서를 제출하면서 쇼클리가 세운 회사는 역사 속에서 자취를 감췄다.

11장

혁신은 덜어낼 줄 아는 과감함에 있다

有之以爲利(유지이위리) 無之以爲用(무지이위용)

三十輻共一轂(삼십폭공일곡): 서른 개 바퀴살이 한 군데로 모이는데

當其無(당기무): 가운데가 비어 있기 때문에

有車之用(유차지용): 수레의 쓸모가 있게 된다.

埏埴以爲器(연식이위기): 흙을 빚어 그릇을 만드는데

當其無(당기무): 가운데가 비어 있으므로

有器之用(유기지용): 그릇의 쓸모가 있게 된다.

鑿戶牖以爲室(착호유이위실): 창문을 뚫어 방을 만드는데

當其無(당기무): 가운데가 비어 있기 때문에

有室之用(유실지용): 방의 쓸모가 있게 된다.

故有之以爲利(고유지이위리): 그러므로 있음이 이롭게 되는 것은

無之以爲用(무지이위용): 없음이 쓸모가 있기 때문이다.

11장은 비움의 미학에 대한 설명이다. 비움이 도의 속성에서 가장 큰 것이기 때문에 여러 차례 반복적으로 나온다. 앞에서는 계곡, 자궁, 대장간의 풀무 등에 빗대서 도를 설명한 바 있는데, 11장에서는 가운데가 비어 있는 수레바퀴통과 빈 그릇, 빈방의 비유를 들어 도의 형상을 설명하고 있다.

노자 사상의 핵심은 무위지치(無爲之治)다. 비어 있는 상태는 무와 같은 개념이다. 무위함으로 세상을 편하게 할 수 있고, 무위함으로 만물을 낳을 수 있다는 게 노자의 생각이다. 유가 있어 무가 쓸모 있는 게 아니라 무가 있어 유가 쓸모 있게 된다는 것이다. 바퀴통이 꽉 차 있으면 바퀴살이 한곳으로 모일 수 없고, 수레를 움직일 수 없다. 수레가 굴러가는 것은 바퀴통이 무(無)의 상태로 비어 있기 때문이다. 그릇과 방도 마찬가지다. 그릇이 차 있으면 물이나 밥을 담을 수 없고, 방이 차 있으면 사람이나 물건을 들여놓을 수 없다. 사물의 쓰임새는 무에서 출발한다.

구글은 비움의 미학으로 세상을 정복했다. 앞서도 말했지만 래리 페이지와 세르게이 브린은 버닝맨이라 불리는 사막 축제에서 혁신에 대한 영감을 얻었다. 사막에는 정해진 길이 없다. 경계도, 팻말도, 방향도 없다. 낮에는 해를 따라, 밤에는 별을 따라 걷다 보면 그것이 바로 길이 된다. 길은 자신이 스스로 만들어나가는 것이다. 래리 페이지와 세르게이 브린이 사막에서 발견한 경계가 없는 길, 그것이 바로 도다. 도에는 경계가 없다. 모양도 없고, 색깔도 없고, 소리도 없다. 이름도 없다. 이름을 붙이는 순간 도의 자격을 상실한다.

구글은 작은 검색창 하나를 무심히 던져놓았다. 그 안과 밖은 모두 텅 비어 있다. 검색창에 대해서는 어떤 설명도 없다. 이름도 없다. 검색창은 선으로 경계가 지어져 있지만 그 선은 사실상 없는 것이다. 어떻게 표현할 도리가 없어 불가피하게 선을 그어놓았지만, 그 선은 구분 짓는 경계로서의 선이 아니다. 애초에 경계란 존재하지 않는다. 사용자들은 팻말도 없고, 설명도 없고, 경계도 없는 구글의 홈페이지에서 무한한 자유를 느낀다. 그래서 자신들의 욕망을 마음껏 투사한다.《도덕경》1장에서 살펴보았듯이 노자가 말하는 도의 모습도 이런 것이다.

12장

본질은 단순함에 있다

難得之貨令人行妨(난득지화령인행방)

五色令人目盲(오색령인목맹): 오만 가지 색깔이 사람의 눈을 멀게 하고

五音令人耳聾(오음령인이롱): 오만 가지 소리가 사람의 귀를 먹게 하고

五味令人口爽(오미령인구상): 오만 가지 맛이 사람의 입을 상하게 한다.

馳騁畋獵令人心發狂(치빙전렵령인심발광): 말을 달리면서 하는 사냥이 사람의 마음을 극도로 흥분시키고

難得之貨令人行妨(난득지화령인행방): 구하기 어려운 재물이 사람의 행동을 방자하게 만든다.

是以聖人爲腹(시이성인위복): 이런 까닭에 성인은 배를 위하되

不爲目(불위목): 눈을 위하지는 않는다.

故去彼取此(고거피취차): 그러므로 저것을 버리고 이것을 취한다.

도의 원리를 설명하고 있다. 도는 복잡한 것에서 출발하지 않는다. 단순한 것에서 출발한다. 노자는 미니멀리즘에 도가 있다고 본다. 맥시멀리즘은 도에 부합하지 않는다고 본다. 오만 가지의 색깔, 오만 가지의 소리, 오만 가지의 맛은 사람을 도로부터 멀어지게 한다. 알기 쉽게 표현하자면 음식의 도는 뷔페에 있는 것이 아니라 집밥에 있다. 말을 달리면서 하는 사냥과 구하기 힘든 재물도 사람의 행동을 번잡하고, 광포하고, 방자하게 만든다. 재물이 많다고 삶이 도에 가까워지는 것이 아니라 소유물을 비울 때 도에 가까워진다.

법정스님의《무소유》나 헨리 데이비드 소로의《월든》도 노자 사상과 일맥상통한다. 법정스님은 죽을 때 달랑 옷 하나와 베개 하나만 남기고 입적(入寂)했으며, 소로는 세상과 격리된 자연 속에서 살면서 마음의 평화를 찾았다. 성인은 배를 위하되 눈을 위하지 않는다는 대목은 삶의 본질적 요소와 비본질적 요소를 구분하라는 의미다. 저것을 버리고 이것을 취한다는 '거피취차(去彼取此)'도 같은 맥락이다. 버려야 할 저것은 많은 재물, 많은 음식과 같은 비본질적인 것이고 취해야 할 것은 소박하고 단출한 생활, 즉 삶의 본질이다.

스티브 잡스는 '단순함은 궁극의 정교함'이라는 레오나르도 다빈치의 말을 금과옥조로 여겼다. 애플이 개발한 혁신 기기들은 철저한 미니멀리즘의 산물이다. 군더더기가 없고 깔끔하다. 디자인은 세련되고,

편리성은 그 어떤 제품도 따라올 수 없다. 애플이 출범할 당시 컴퓨터 업계를 지배하고 있던 기업은 IBM이었다. IBM의 메인프레임은 무척 컸다. 규모가 집채만 한 것도 있었다. 그걸 본 사람들이 위압감을 느낄 정도였다. 디자인도 복잡해서 사용자들의 마음을 심란하게 만들었다. IBM 컴퓨터는 정보처리능력이라는 면에서는 뛰어났지만 사용자의 편리성, 정서적 친밀감이라는 관점에서는 그렇지 못했다.

스티브 잡스는 작고 간결하면서 사용하기 편리한 것에 제품의 본질이 있다고 봤다. 규모가 크고 복잡한 물건, 사용하기에 불편한 것은 제품의 본질에 부합하지 않는다고 생각했다. 지나치게 많은 색과 소리, 맛이 사람의 감각기관을 혼란스럽게 만들듯이 부담스러울 정도로 크기가 크고 디자인이 복잡하면 소비자에게 심리적 부담감을 줄 수 있다는 것이 잡스의 생각이었다. 그래서 잡스는 애플 기기들의 디자인을 최대한 작고 단순하게 해서 사람들의 눈과 마음을 덜 피곤하게 만들었다. 맥시멀리즘을 버리고 미니멀리즘을 취한 것이다. 잡스는 사람의 눈에 보이지 않는 컴퓨터 내부의 회로기관까지도 깔끔하게 정리했다. 담당 엔지니어가 "중요한 건 컴퓨터가 얼마나 잘 작동하느냐다. 컴퓨터 안을 들여다보는 사람은 없다"라고 하자 잡스는 이렇게 말했다.

"훌륭한 목수는 아무도 보지 않는다고 해서 장롱 뒤쪽을 대충 마무리하지 않는다."

13장

기술과 전략이 확실하다면
일희일비하지 않는다

寵辱若驚(총욕약경)

寵辱若驚(총욕약경): 총애를 받아도 놀란 듯이 하고 욕을 당해도 놀란

듯이 한다.

貴大患若身(귀대환약신): 환란을 내 몸처럼 귀하게 여긴다.

何謂寵辱若驚(하위총욕약경): 총애를 받아도 놀란 듯이 하고 욕을

당해도 놀란 듯이 한다는 말은 무슨 뜻인가?

寵爲下(총위하): 총애는 윗사람에게 받는 것이므로 내가 그 아래에

있다는 뜻이다.

得之若驚(득지약경): 윗사람의 총애를 받아도 나로서는 놀라운

일이고

失之若驚(실지약경): 윗사람의 총애를 잃어도 나로서는 놀라운

일이다.

何謂貴大患若身(하위귀대환약신): 환란을 내 몸처럼 귀하게 여긴다

함은 무엇을 두고 하는 말인가?

吾所以有大患者(오소이유대환자): 내가 환란을 당하는 것은

爲吾有身(위오유신): 내가 몸을 가지고 있기 때문이다.

及吾無身(급오무신): 나에게 몸이 없다면

吾有何患(오유하환): 내게 무슨 환란이 있겠는가?

故貴以身爲天下(고귀이신위천하): 그러므로 천하를 내 몸처럼 귀하게 여기는 사람에게는

若可寄天下(약가기천하): 가히 천하를 맡길 수 있고

愛以身爲天下(애이신위천하): 천하를 내 몸처럼 사랑하는 사람이야말로

若可託天下(약가탁천하): 천하를 맡을 자격이 있다.

낮과 밤이 바뀌듯이 도도 변한다. 고정되어 있지 않다. 13장에서는 사람이 살아가면서 받게 되는 총애(寵)와 욕(辱)이라는 상반된 두 가지 사회적 평판을 비유로 들어 도의 원리를 설명하고 있다. 세상을 살다 보면 총애와 욕이 번갈아가면서 나타난다. 드라마 〈동백꽃 필 무렵〉에서 보듯이 총애만 받고 사는 사람도 없고, 수모만 당하면서 사는 사람도 없다. 주인공 동백은 '가게 주인'한테 홀대를 받고, '까불이'로부터 생명의 위협을 당하지만 지역 경찰관 '용식이'로부터는 분에 넘치는 총애를 받는다. 나의 신체(身)를 중심축으로 총애와 수모는 회전목마처럼 빙글빙글 돌면서 교대로 나타난다.

신체는 도가 드러나는 플랫폼이다. 그 플랫폼만 굳건하게 잘 지키면

된다. 총애와 욕은 왔다가 사라지는 바람과 같은 것이다. 그러니 일희일비할 필요가 없다. 총애를 받을 때나 욕을 당할 때나 변함없이 중심을 지키는 것이 중요하다. 이렇게 플랫폼을 잘 지키는 사람에게는 천하를 맡길 수 있다. '수신제가치국평천하(修身齊家治國平天下)'라고 했듯이 신체를 잘 보존할 수 있는 사람은 천하를 잘 다스릴 수 있기 때문이다.

실리콘밸리의 기업들에게도 총애와 욕은 교차한다. 그들에게 총애와 욕은 무엇인가? 그들의 주가가 올라가는 것이 총애에 해당하고, 주가가 폭락하는 것이 욕에 해당할 것이다. 제프 베조스를 비롯한 실리콘밸리 CEO들의 경우 하루 만에 1조 달러를 까먹는가 하면 10조 달러를 버는 날도 있다. 그들이 그러한 상황에서 일희일비한다면 한시도 기업을 건사하지 못할 것이다.

2000년과 2001년 닷컴버블이 붕괴되면서 아마존의 주가가 곤두박질쳤다. 다들 우왕좌왕하면서 불안해했지만 제프 베조스는 평정심을 잃지 않았다. 이베이가 지지부진하던 아마존의 경매 사이트를 인수하고자 했을 때도 제프 베조스는 "노"라고 거절했다. 2002년 아마존의 미래를 불투명하게 본 중역들이 대거 회사를 떠날 때도 제프 베조스는 동요하지 않았다. 2003년 아마존은 다시 흑자로 돌아섰으며 주가도 폭발적으로 상승했다. 그 후로도 아마존의 주가는 등락을 거듭하고 있지만 거시적으로 볼 때 꾸준한 상승세를 기록하고 있다. 최근에는 제프 베조스의 재산이 15분 만에 15조 원이 불어나 화제가 되기도 했다.

실리콘밸리의 기록이다. 제프 베조스가 위기를 돌파할 수 있었던 것은 그가 '최저가 전략'이라는 아마존의 플랫폼을 굳게 믿었기 때문이다.

아마존의 플랫폼은 제프 베조스의 신체다. 그 신체를 축으로 총애와 욕, 길흉화복이 번갈아가면서 나타난다. 중요한 것은 총애를 받을 때나 욕을 당할 때나 늘 놀란 듯이 하는 총욕약경의 마음가짐이다. 총애를 받을 때는 과연 내가 그럴 자격이 있는지 놀란 듯 경계하는 마음을 갖고, 욕을 당할 때는 무엇 때문에 욕을 당하는지 놀란 듯 성찰하는 마음을 갖는 것이 총욕약경이다. 제프 베조스는 그것을 담담하게 실천했고, 이를 바탕으로 아마존은 천하를 지배하고 있다.

14장

혁신에 한계란 없다

視之不見(시지불견) **聽之不聞**(청지불문) **搏之不得**(박지부득)

視之不見(시지불견): 눈으로 보아도 볼 수 없는 것을

名曰夷(명왈이): 이름하여 '이'라 하고

聽之不聞(청지불문): 귀를 기울여도 들을 수 없는 것을

名曰希(명왈희): 이름하여 '희'라 하고

搏之不得(박지부득): 손을 내밀어도 잡을 수 없는 것을

名曰微(명왈미): 이름하여 '미'라 한다.

此三者(차삼자): 이 세 가지(이, 희, 미)는

不可致詰(불가치힐): 묻고 따질 수가 없으니

故混而爲一(고혼이위일): 혼연일체가 된다.

其上不曒(기상불교): 더 이상 밝을 수도 없고

其下不昧(기하불매): 더 이상 어두울 수도 없다.

繩繩不可名(승승불가명): 끝없이 이어지니 무어라 이름을 붙일 수도

없으며

復歸於無物(복귀어무물): 결국은 무의 세계로 돌아간다.

是謂無狀之狀(시위무상지상): 모양은 있으되 형용할 수가 없고

無物之象(무물지상): 형체는 있으되 나타낼 수가 없으니

是謂惚恍(시위홀황): 그저 황홀이라 일컫는다.

迎之不見其首(영지불견기수): 앞에서 살펴봐도 그 머리를 볼 수 없고

隨之不見其後(수지불견기후): 뒤따르면서 봐도 그 꽁지를 볼 수 없다.

執古之道(집고지도): 태고의 도를 가지고

以御今之有(이어금지유): 오늘의 일을 살피면

能知古始(능지고시): 태고의 시초를 알 수 있으니

是謂道紀(시위도기): 이를 일러 도의 실마리라 한다.

도의 오묘함을 부연해서 설명하고 있다. 이 장에서 노자는 시각기관, 청각기관, 촉각기관과 같은 사람의 감각기관으로는 도를 인지할 수 없다고 말한다. 도란 아득하고(夷), 희미하고(希), 미세(微)하다. 그래서 볼 수도, 들을 수도, 잡을 수도 없다. 도란 이 세 가지 요소가 하나로 혼합되어 있는 것이다. 모양과 형체가 있긴 하지만 인간의 언어로는 그것을 표현할 방법이 없다. 그래서 다만 황홀하다는 말로 표현할 수 있을 뿐이다. 1장에서는 미묘함이라는 단어를 사용했는데 여기서는 황홀이라는 단어를 썼다. 의미와 맥락은 같다. 도란 끝없이 이어져 결국 무의 상태로 수렴하기 때문에 인간의 감각기관으로는 도저히 인지할 수 없다. 다만 직관적으로 깨달을 수 있을 뿐이다. 에드문트 후설도 말했듯

이 경험주의는 도(진리)를 명증하게 깨닫는 데 오히려 방해가 된다.

실리콘밸리의 기술혁신은 큰 것에서 작은 것으로, 작은 것에서 더 작은 것으로, 그리고 마침내 무의 상태로 돌아가는 과정이다. 윌리엄 쇼클리가 발명한 트랜지스터는 그때까지 과학기술의 패러다임이었던 진공관을 한순간에 대체했다. 진공관은 편리할 뿐만 아니라 인류에게 통신 혁명이라는 선물을 안겨주었지만 덩치가 너무 컸다. 반면 트랜지스터는 진공관에 비해 더 빠르고 강력하면서도 작동 온도가 낮았고, 크기도 훨씬 작았다.

실리콘밸리에 씨앗을 뿌린 것이 트랜지스터였다면 본격적으로 싹을 틔운 것은 집적회로였다. 트랜지스터는 대단히 유용한 발명품이었고 하나를 다룰 때는 별 문제가 없었지만, 복수의 트랜지스터를 사람의 손으로 일일이 연결하는 일은 결코 쉽지 않았다. 이 문제를 가장 먼저 해결한 사람이 잭 킬비였다. 잭 킬비는 하나의 게르마늄 판 위에서 모든 부품을 조립한 뒤 금선으로 부품들을 연결함으로써 집적회로를 발명했다. 반도체의 제조기술이 향상되면서 부품은 더욱 작아졌고, 반도체 위에 새기는 회로선도 더욱 섬세해졌다. 손톱만 한 칩 모양의 집적회로는 더욱 막강한 힘을 발휘했으며, 그 성과는 소형컴퓨터의 탄생으로 이어졌다.

진공관이 트랜지스터로, 트랜지스터가 집적회로로 바뀌는 기술적 진보 과정의 핵심은 미세함이다. 이 미세함의 정점을 찍은 것이 양자혁명이다. 양자는 더 이상 작아질 수 없다. 있기도 하고 없기도 한 무의 상태로 회귀하는 것이다. 사람의 눈으로 볼 수 없고, 사람의 귀로 들을 수 없고, 사람의 손으로 잡을 수 없다. 크기는 작아지는 반면 정보 처리 속도는 빨라진다. 그러나 양자컴퓨터가 상용화되면 속도 그 자체도 의미가 없어진다. 아무리 어려운 문제, 아무리 많은 데이터도 몇 초 안에 뚝딱 해결되기 때문에 속도라는 개념 자체가 없어진다. 속도의 무화(無化)다. 이것을 선도적으로 해내고 있는 기업이 바로 구글이다.

15장

간섭하고 통제하면 일을 그르친다

保此道者(보차도자) **不欲盈**(불욕영)

古之善爲士者(고지선위사자): 예로부터 도를 제대로 깨달은 사람은

微妙玄通(미묘현통): 미묘하면서도 지극히 넓고 깊어

深不可識(심불가식): 그 깊이를 가늠할 수가 없다.

夫唯不可識(부유불가식): 그걸 알 길이 없지만

故强爲之容(고강위지용): 드러난 모습을 가지고 대강 형용하자면

豫焉若冬涉川(예언약동섭천): 겨울에 강을 건너듯 신중하고

猶兮若畏四隣(유혜약외사린): 사방의 이웃을 대하듯 조심스럽고

儼兮其若容(엄혜기약용): 얼굴에는 엄숙함이 묻어 있고

渙兮若氷之將釋(환혜약빙지장석): 얼음이 녹는 것처럼 술술 풀리고

敦兮其若樸(돈혜기약박): 통나무처럼 도탑고

曠兮其若谷(광혜기약곡): 계곡처럼 확 트이고

混兮其若濁(혼혜기약탁): 흙탕물처럼 탁하다.

孰能濁以靜之徐淸(숙능탁이정지서청): 누가 능히 탁한 것을 고요하게 하여 서서히 맑아지게 하고

孰能安以久動之徐生(숙능안이구동지서생): 누가 능히 가만히 있던 것을 움직여 서서히 생동하게 할 수 있을까?

保此道者(보차도자): 도를 간직하고 있는 사람은

不欲盈(불욕영): 채우려 하지 않는다.

夫唯不盈(부유불영): 굳이 채우려 하지 않는 것은

故能蔽不新成(고능폐불신성): 새롭게 이루지 않고도 능히 천하를 덮을 수 있기 때문이다.

15장은《도덕경》에서 문학적 깊이가 가장 돋보이는 장이다. 오묘하고, 깊고, 넓은 도의 속성은 지금까지도 여러 번 나왔다. 노자는 일반인들이 이러한 도의 실체를 쉽게 알 수 있도록 하기 위해 다양한 비유를 들고 있다. 앞에서는 대장간의 풀무, 수레의 바퀴통, 그릇, 방, 계곡 등의 비유를 든 바 있는데, 15장에서는 겨울에 강을 건너는 사람의 움직임, 이웃을 대하는 사람의 표정, 얼음이 녹는 형상, 통나무의 질박함 등에 빗대 도를 설명하고 있다. 도의 속성을 신중함, 엄숙함, 도타움, 확 트임 등으로 설명하고 있는데, 이런 설명에서 알 수 있듯이 노자가《도덕경》에서 말하는 도란 우주 만물의 생성 원리를 넘어 인간이 실생활에서 걸어야 하는 올바른 길, 윤리적 규범으로까지 확장된다. 그래서 길 도(道) 자를 썼다.

흙탕물처럼 탁하다는 문장은 그 뒤에 이어지는 문장과 연결해서 봐

야 의미를 제대로 이해할 수 있다. 도는 맑음과 더러움, 깨끗함과 혼탁함, 어느 한 순간에 머물러 있지 않다. 더러운 흙탕물을 가만히 두면 서서히 깨끗한 물로 바뀌는데 이러한 과정이 일어나는 순간, 그 경계, 즉 변화의 모멘텀에 도가 존재한다. 기계를 써서 물을 맑게 하는 것이 아니라 자연의 이치에 맡겨 자연스럽게 맑은 상태로 바뀌도록 두는 것이 도에 가깝다는 것이다. 4대강 사업을 예로 들면 인위적으로 댐을 새로 만들어(新成) 물을 가두는(盈) 방식보다는 자연 하천 그대로를 보존하는 것이 도에 더 가깝다는 것이다.

마지막 구절인 '능폐불신성(能蔽不新成)'에 대해서는 해석이 분분하다. 폐(蔽) 자의 뜻을 어떻게 보느냐에 따라 해석이 갈리는데, 여기서는 '덮다'는 뜻으로 보아 '새롭게 이루지 않고도 능히 천하를 덮을 수 있기 때문이다'로 해석했다. 또는 폐(蔽) 자를 '이르다(arrive)'로 보아 '능히 도에 이를 수 있기 때문이다'로 해석해도 의미가 자연스럽다. 이 문장을 근거로 노자의 사상을 극단적 보수주의와 동일시하는 것은 옳지 않다. 이 구절은 노자 사상의 핵심인 무위자연을 다른 형태로 표현한 것일 뿐이다. '불신성(不新成)'이란 단어는 혁신을 부정하기 위해 쓰인 것이 아니라 자연에 인위를 덧댈 필요가 없다는 의미로 쓰였다.

16장

자유롭게 맡기고 든든하게 지원하면
조직은 알아서 움직인다

致虛極(치허극) **沒身不殆**(몰신불태)

致虛極(치허극): 비움이 지극하면

守靜篤(수정독): 고요하고 돈독함을 지킬 수 있다.

萬物竝作(만물병작): 만물이 연이어 생겨나지만

吾以觀復(오이관복): 나는 그들이 돌아가는 것을 본다.

夫物芸芸(부물예예): 사물들이 무성하게 피어나지만

各復歸其根(각복귀기근): 결국은 모두 자신의 근원으로 돌아가

歸根曰靜(귀근왈정): 고요함을 얻으니

是謂復命(시위복명): 이를 일러 명으로 복귀한다고 한다.

復命曰常(복명왈상): 명으로 복귀해 영원해지고

知常曰明(지상왈명): 영원한 것을 알게 되니 곧 밝아진다.

不知常(부지상): 영원한 것을 알지 못하면

妄作凶(망작흉): 망령되이 흉함을 당하고

知常容(지상용): 영원한 것을 알게 되면 너그러워지고

容乃公(용내공): 너그러워지면 공평해진다.

公乃王(공내왕): 공평해지면 왕처럼 되며

王乃天(왕내천): 왕은 곧 하늘이다.

天乃道(천내도): 하늘은 곧 도가 되고

道乃久(도내구): 도는 영원하니

沒身不殆(몰신불태): 죽는 날까지 위태롭지 않게 된다.

도의 본질이 비움에 있음을 다시 한 번 강조하고 있다. 비움의 상태가 지극하다는 것은 유형의 것들이 완벽하게 비워져 도의 근원(根)인 무의 세계로 돌아갔다는 의미다. 그래서 각복귀근(各復歸根)이라 했다. 15장에서처럼 여기서도 도의 미덕을 고요함(靜)과 돈독함(敦)으로 표현했다. 근원으로 돌아가는 것은 소명에 충실한 것이므로 명(命)에 따른다고 했다. 명에 충실한 것은 자신의 근원을 밝게 헤아린다는 의미로, 그러할 때 인간은 윤리적으로, 규범적으로 가장 이상적인 상태에 이른다. 인간이 그런 상태에 이르면 너그럽고(容) 공평(公)해지는데, 노자는 이런 경지에 이른 사람에게 천하를 다스릴 왕의 자격을 부여한다.

마지막 문장의 '몰신불태(沒身不殆)'란 죽을 때까지 위태롭지 않다는 뜻이므로 천하를 다스리는 왕이 관용을 베풀고, 공평하게 일을 처리하면 정치권력을 항구적으로 유지할 수 있다는 의미로 해석할 수 있다. 눈여겨볼 대목은 노자가 왕과 하늘, 도를 동일시하고 있다는 점이다. 이런 도식으로 볼 때《도덕경》은 춘추전국시대의 정치적 혼란이 극에 이른 상황에서 노자가 자신만의 독특한 방법론으로 정치적 이상을 설파한 책이라고 볼 수도 있다. 청나라의 전성기를 이루며 가장 긴 기간 재위한 강희제는 노자의 무위지치를 통치 철학으로 삼았는데, 자금성 교태전에 자신이 직접 쓴 무위(無爲)라는 현판을 걸어두고 평정심을 잃지 않으려 노력했다고 한다.

벤처캐피털은 실리콘밸리를 이끌어가는 또 하나의 주체다. '구슬이 서 말이라도 꿰어야 보배'라는 말처럼 아무리 기술이 뛰어나도 그것을 제품으로 만들어 시장에 내놓을 수 있는 자금이 뒷받침되지 않으면 무용지물이다. 벤처캐피털이 실리콘밸리에 등장한 것은 1960년대 이후다. 페어차일드와 인텔을 후원했던 아서 록이 벤처캐피털이라는 말을 처음으로 썼다. 아서 록이 인텔에 투자한 30만 달러는 1999년 7억 달러로 그 가치가 불어났다. 록은 자신의 지분 절반을 매각해서 프로야구팀 샌프란시스코 자이언츠를 매입했다. 그러고도 큰돈을 남겼다. 〈타임(TIME)〉지는 록을 표지 모델에 올리기도 했다. 그러나 점차 거대 자본이 실리콘밸리 기업들의 명줄을 쥐고 흔드는 형국이 되자 마피아를 연상시킨다고 하여 사람들은 벤처캐피털을 실리콘밸리의 마피아라고 부르기 시작했다.

다양한 벤처캐피털 중에서도 클라이너 퍼킨스(KP)는 선구자 반열에 속한다. KP를 이끄는 존 도어는 미국의 대통령에 맞먹을 정도의 유명 인사다. 존 도어는 무위(無爲)에서 4차 산업혁명의 특징을 찾는다.

존 도어에 따르면 과거에는 조직이 상명 하달의 명령 체계에 따라 움직였지만 4차 산업혁명 시대에는 일을 맡은 단위(unit)들의 자율적인 판단에 따라 조직이 움직인다. 무위한 조직이 유위한 조직보다 더 효율적으로 작동하고, 결과적으로 더 많은 부를 창출한다는 것이 그의 지론이다. 실리콘밸리의 기업들이 그렇게 움직이면서 세상을 빠르게 변화시키고 세계경제의 성장을 이끌어간다.

17장

뚜렷한 비전을 공유했다면
믿고 맡겨라

太上不知有之(태상부지유지)

太上不知有之(태상부지유지): 최상의 도는 사람들이 그 존재조차

모르는 것이고

其次親而譽之(기차친이예지): 그다음은 사람들이 가까이하고

칭송하는 것이고

其次畏之(기차외지): 그다음은 사람들이 두려워하는 것이고

其次侮之(기차모지): 그다음은 사람들이 멸시하는 것이다.

信不足焉(신부족언): 믿음이 부족해지니

有不信焉(유불신언): 불신이 판을 치게 된다.

悠兮其貴言(유혜기귀언): 귀한 말은 참으로 아득하구나.

功成事遂(공성사수): 공을 이루고 일이 끝나면

百姓皆謂我自然(백성개위아자연): 백성들은 그것이 자연스럽게

이루어졌다고 말한다.

무위와 유위의 차이를 설명하는 장이다. 무위는 사람들이 그것이 있는 지조차 인지하지 못하는 상태로, 노자는 이를 최상의 도라고 말한다. 유위함에는 세 단계가 있다. 첫째는 사람들이 가까이하고 칭송하는 단계고, 둘째는 두려워하는 단계고, 셋째는 멸시하는 단계다. 가까이하고 칭송한다는 것은 통치자와 피통치자, 상사와 부하 사이에 나름의 신뢰 관계가 형성되어 있어 민주적 소통이 이루어진다는 것을 의미한다. 유위한 리더십도 현실적으로 유용할 수 있음을 보여준다. 그러나 이러한 상태가 항구적일 수는 없다.

아무리 훌륭한 유위의 리더십도 시간이 흐르고 환경이 변하면 틈이 생긴다. 통치자와 피통치자, 상사와 부하 사이에 틈이 벌어지면 기존의 신뢰 관계만으로는 조직을 다스리거나 유지할 수 없다. 그래서 때로는 두려움이라는 기제를 동원해서 조직을 통제해야 한다. 이러한 기제는 현실에서 리바이어던(1651년에 영국의 철학자 홉스가 쓴 국가론에서 어느 누구도 저항할 수 없는 권력을 가진 국가 통치자로, 무한한 존재인 신과 구별되는 유한한 존재), 해고 위협, 연봉 삭감과 같은 형태로 나타난다. 이러한 상태가 지속되면 신뢰 관계는 더욱 훼손되고, 결국에는 서로를 멸시하는 단계에 이른다. 유위의 리더십이 최악에 이르면 콩으로 메주를 쑨다고 해도 곧이듣지 않는 불신에 이르게 된다. 최상은 무위함이다. 무위로 조직을 다스리면 일이 성사되어도 조직원들은 일이 저절로 이루어진 것으로 여기며 공로를 인정받으려고 다투지 않는다. 그러므로 조직 내 신뢰 체계가 깨지지 않고, 리더의 말에는 더욱 더 큰 무게가 실린다.

4차 산업혁명은 탈규격, 탈규제, 탈이념, 탈권위의 포(four)탈혁명이다. 정해진 틀이나 매뉴얼, 전통적인 생각, 리더의 권위에 의존하는 조직은 4차 산업혁명 시대에 살아남기 힘들다. 그래서 구글의 조직문화는 눈여겨볼 만하다. 구글에는 정해진 근무시간이나 형태가 없다. 근무시간 중 회사 내에 마련된 당구장에서 당구를 칠 수도 있고, 미술관에서 그림을 관람할 수도 있고, 카페테리아나 마사지 숍, 피트니스 센터에서 휴식을 취하거나 신체를 단련할 수도 있다. 구글의 리더들은 이러한 방임형 조직문화를 권장하고 육성한다. 직원들에게는 조직의 목표나 성과를 구체적으로 제시하지 않는다. 비전만 제시한 후 그 비전을 구체화할 수 있는 방법은 직원들 스스로 알아서 하도록 내버려둔다. 방임에 가까운 이러한 리더십 덕분에 직원들은 틀이나 규격, 권위에 전혀 구애받지 않고 자유롭게 아이디어를 내고, 동료들과 토론하고, 그 결과를 집약해서 위에 건의한다. 구글은 무위의 리더십으로 혁신적인 가치를 끊임없이 만들어내고 있다.

정말 실력이 있다면 널리 알리지 않아도 그 가치를 알아준다

六親不和(육친불화) **有孝慈**(유효자) **國家昏亂**(국가혼란) **有忠臣**(유충신)

大道廢(대도폐): 큰 도가 사라지면

有仁義(유인의): 인의가 있게 되고

慧智出(혜지출): 지혜가 나타나면

有大僞(유대위): 큰 위선이 있게 된다.

六親不和(육친불화): 가정이 화목하지 않으면

有孝慈(유효자): 효와 자애가 있게 되고

國家昏亂(국가혼란): 나라가 혼란하면

有忠臣(유충신): 충신이 있게 된다.

18장은 유교적 도덕률 체계를 무위의 관점에서 비판하고 있다. 인(仁), 의(義), 효(孝), 충(忠)은 유교에서 가장 중요하게 여기는 덕목이다. 어질고 의로운 개인, 부모에게 효도하는 자식, 자식을 자애로 보살피는 부모, 국가에 충성하는 신하가 유교에서 으뜸으로 여기는 인간형이다. 그러나 노자는 이러한 유교적 가치 체계를 뒤집는다. 대도(大道)가 실현되면 인간관계나 사회생활, 국가의 질서 유지를 위해 굳이 인위적인 도덕률을 도입하지 않아도 자연스럽게 세상이 다스려진다는 것이 노자의 생각이다. 사람들은 자연을 닮은 밝은 마음으로 서로를 존중하고 신뢰하므로 구태여 정의와 불의를 구분할 필요가 없다. 가정도 부모, 자식, 형제가 제자리를 지키면 저절로 화목해지므로 효도니 자애니 하는 덕목을 애써 강조할 필요가 없다. 국가도 사사로운 욕심을 버린 지도자가 무위의 리더십으로 다스리면 저절로 질서가 잡히므로 충성스러운 신하들이 있을 필요가 없다.

기업이 건강하면 많은 돈을 들여가면서 인위적으로 홍보하지 않아도 된다. 컨설팅도 필요 없다. 회계 처리를 투명하게 하고, 기술개발과 인재육성을 열심히 하면 요란스럽게 광고를 하거나 외부 전문가를 초빙해서 경영 진단을 받지 않아도 기업의 미래는 저절로 밝아진다. 홍보를 대대적으로 한다는 것은 상품과 서비스에 자신이 없다는 증거이며, 경영 진단을 받는다는 것은 기업이 병들어 있다는 증거다.

앞서도 잠깐 언급했지만 스타벅스는 미디어 광고를 일체 하지 않는다. 나이키나 코카콜라처럼 잘나가는 연예인이나 스포츠선수를 동원한 스타마케팅도 하지 않는다. 거기에 들어갈 비용을 매장 인테리어나 제품의 품질 유지, 종업원들의 복지 후생 등에 쓴다. 그렇게 해서 매장을 찾는 고객들과 커피를 만드는 바리스타들의 입소문으로 자연스럽게 홍보를 대신한다.

　이런 측면에서 볼 때 스타벅스는 단순하게 커피를 파는 기업이 아니라 공간 서비스를 파는 기업이다. 이미 스타벅스의 전 CEO 하워드 슐츠는 이렇게 선언했다.

　"스타벅스는 커피가 아니라 경험을 파는 곳이다."

　요란한 유위의 홍보 전략이 아니라 조용하면서도 실속 있는 무위의 홍보 전략으로 스타벅스는 세계 최고의 기업으로 성장했다.

철학이 없는 성공은 욕심에 지나지 않는다

見素抱樸(견소포박) **少私寡欲**(소사과욕)

絶聖棄智(절성기지): 성스러움을 끊고 지혜를 버리면

民利百倍(민리백배): 백성들의 이로움이 백배가 된다.

絶仁棄義(절인기의): 인을 끊고 의를 버리면

民復孝慈(민복효자): 백성들이 효성과 자애로움을 회복할 것이다.

絶巧棄利(절교기리): 기교를 끊고 이해관계를 버리면

盜賊無有(도적무유): 도둑이 없어진다.

此三者以爲文不足(차삼자이위문부족): 이 세 가지는 글로써 그
속뜻을 표현하기 어렵다.

故令有所屬(고령유소속): 그러므로 한 마디 덧붙이자면

見素抱樸(견소포박): 소박하고 검소하게 살고

少私寡欲(소사과욕): 사사로운 욕심을 버려라.

19장은 전체 문장의 내용으로 미루어볼 때 18장과 한 장이었는데 편집 과정에서 별도의 장으로 분리되었을 것으로 짐작된다. 성스러움을 끊고 지혜를 버린다든지, 인을 끊고 의를 버린다는 문구는 앞장과 그 구조가 같다. 유교에서 말하는 인위적 가치관을 버리고 무위하도록 두면 사회가 저절로 다스려지고, 백성들에게도 이롭다는 점을 반복해서 강조한다. 성스러움, 지혜, 인, 의, 기교, 이해관계 등은 인간의 본성에 비추어볼 때 자연스럽지 않다는 것이 노자의 생각이다. 이런 덕목들은 마음을 꾸미기 위해 의도적으로 기획된 것이며 거기에는 인간의 과도한 욕망이 개입되어 있다는 것이다. 노자는 이런 인위적인 태도를 버리고 자연스러운 심성을 회복하는 것이 필요하다고 말한다. 사사로운 욕심을 버리고 소박하고 검소하게 사는 미니멀리즘이 도에 가장 가깝다는 것이 노자의 생활철학이다.

애플이 실리콘밸리의 정상에 오르기 전까지 컴퓨터 하드웨어 부문에서 업계를 장악하고 있던 기업은 IBM이었다. IBM이 컴퓨터 제국을 구축한 것은 창업자인 왓슨 1세의 뒤를 이어 IBM의 경영을 맡은 왓슨 2세 덕분이었다. 왓슨 2세는 컴퓨터 시장의 잠재적 가치를 꿰뚫어보고 연구개발에 박차를 가했다. IBM은 당시로서는 상상조차 할 수 없었던 50억 달러라는 거액을 투자해 시스템/360을 개발했다. 메인프레임 컴퓨터인 시스템/360은 상업용, 과학용 목적을 포함한 완전한 범위의 초기 다목적 컴퓨터다. 도박에 가까운 시도로 IBM은 타의 추종을 불허하는 기술력을 보유하게 되었고, 그로써 컴퓨터 제국을 구축했다.

그러나 IBM의 영광은 여기까지였다. 시스템/360으로 컴퓨터업계를 석권한 IBM은 자만했다. 시장은 대형컴퓨터에서 소형컴퓨터로 바뀌고 있었다. 일선 영업사원들이 끊임없이 이러한 시장의 변화를 보고했지만 윗선에서는 이를 무시했다. 그 결과 IBM은 퍼스널컴퓨터 부문에서 애플에 주도권을 내줬다.

스티브 잡스는 미니멀리즘을 컴퓨터에 입혀 사용자의 편리성, 디자인의 심플함을 최대치로 끌어올렸다. 이를 많은 이들의 책상 위에 올려놓았다. 만약 컴퓨터의 역사가 IBM에서 끝났다면 정보화 혁명은 미완의 혁명으로 끝났을 것이다. 하지만 진정한 의미에서 정보화 혁명을 완성시킨 기업은 애플이었다. 애플컴퓨터의 탄생으로 사람들은 자신의 집에서, 사무실에서 손쉽고 편리하게 컴퓨터에 접근할 수 있게 되었다. 사용자들은 정서적 거부감 없이 컴퓨터를 만지고, 켜고, 조작했다. IBM은 컴퓨터업계의 제국이라 불렸다. IBM의 메인프레임은 공룡처럼 비대했다. 거기에는 컴퓨터 제국에 대한 욕망이 담겨 있었다. 반면 스티브 잡스는 이러한 거대함을 걷어내고 소박하고 간결함으로 그 빈 공간을 채웠다.

20장

경계를 만드는 지식은
이미 죽은 것이다

絶學無憂(절학무우)

絶學無憂(절학무우): 배움을 중단하면 근심이 없어진다.

唯之與阿(유지여아): '예'라는 말과 '응'이라는 말은

相去幾何(상거기하): 그 차이가 얼마나 되겠는가?

善之與惡(선지여악): 선하다는 것과 악하다는 것도

相去若何(상거약하): 그 차이가 얼마나 되겠는가?

人之所畏(인지소외): 사람들이 두려워하는 것을

不可不畏(불가불외): 나 또한 두려워해야 하는가?

荒兮其未央哉(황혜기미앙재): 참으로 허황되기 그지없다.

衆人熙熙(중인희희): 만인이 즐거워하기를

如享太牢(여향태뢰): 함께 소를 잡아 제사를 지내는 것처럼 하고

如春登臺(여춘등대): 봄날에 정자에 오르는 것처럼 한다.

我獨泊兮其未兆(아독박혜기미조): 나 홀로 멍청하여 짐작조차 하지

못하고

如嬰兒之未孩(여영아지미해): 아직 웃을 줄도 모르는 갓난아이와

같이 한다.

儽儽兮若無所歸(래래혜약무소귀): 돌아갈 곳을 잊은 것처럼 게으름을

피우니

衆人皆有餘(중인개유여): 다른 사람들은 모두 여유로워 보이는데

而我獨若遺(이아독약유): 나만 홀로 남겨진 것 같다.

我愚人之心也哉(아우인지심야재): 나는 어리석은 사람의 마음처럼

沌沌兮(돈돈혜): 사리분별에 어둡다.

俗人昭昭(속인소소): 세상 사람들 모두 밝은데

我獨昏昏(아독혼혼): 나 홀로 아둔하고

俗人察察(속인찰찰): 세상 사람들 모두 총명한데

我獨悶悶(아독민민): 나 홀로 답답하다.

澹兮其若海(담혜기약해): 바다처럼 담담하고

飂兮若無止(료혜약무지): 그치지 않고 불어대는 바람 소리 같다.

衆人皆有以(중인개유이): 사람들 모두 뚜렷한 목적이 있는데

而我獨頑似鄙(이아독완사비): 나 홀로 완고하고 비루해 보인다.

我獨異於人(아독이어인): 나 홀로 사람들과 다른 까닭은

而貴食母(이귀식모): 내가 만물을 먹이는 어머니를 귀하게 여기기

때문이다.

첫 구절에 '절학무우(絶學無憂)'라는 말을 배치한 걸로 보아 앞선 18장,

19장과 그 맥락이 이어지는 장이다. 배움(學)은 《논어》에서 가장 먼저 나오는 말이다. 공자는 부지런히 배우고 익혀야 사람의 도리를 깨우칠 수 있다고 가르치는데, 노자는 반대로 그것을 끊으라고 말한다. 배우면 생활의 지혜가 늘어나는 것이 아니라 마음의 근심만 늘어난다는 것이다. 유교적 학문이 인간에게 줄 수 있는 것은 기껏해야 '예'와 '응'을 구분할 수 있게 해주는 것에 지나지 않는다고 말한다. 선과 악도 유교에서는 엄격하게 구분하라고 가르치지만 노자는 그 차이란 동전의 앞뒷면처럼 본질적이지 않다고 말한다.

유교의 가치관에 순응하면서 그것을 삶의 낙으로 여기며 살아가는 사람들이 볼 때는 노자의 자연주의 철학이 답답하고, 어리석고, 아둔하고, 비루해 보일 수도 있다. 하지만 노자에게는 '댓스 오케이(누가 뭐래도 이대로 좋아)'다. 다른 사람들이 그런다고 노자 자신도 거기에 맞춰서 살아갈 필요가 없는 것이며, 남들이 두려워한다고 자신도 두려워해야 할 이유가 없다. 노자는 마지막 구절에서 그 까닭을 밝힌다. '식모를 귀하게 여긴다(貴食母)'는 말은 만물을 먹이고 키우는 자연에 순응해서 살아가는 자연주의 철학의 또 다른 표현이다.

스티브 잡스는 기업 경영뿐만 아니라 실생활에서도 미니멀리즘을 실천했다. 옷은 검소하게 입었고, 식단은 채소를 위주로 짰다. 회사 이름을 애플이라고 지은 것도 창업할 당시 사과 농장에서 일하면서 일주일 내내 사과만 먹어서 그런 이름을 붙였다. 거부(巨富)가 된 이후에도 잡스는 그러한 미니멀리즘과 자연주의 생활철학을 버리지 않았다. 잡스는 서른 살이 되던 해 생일파티에 사람들을 초대하면서 초대장에 이렇게 썼다.

"힌두교 경전에는 이런 말이 있다. '인생의 초반 30년은 사람이 습관을 만들고 후반 30년은 습관이 사람을 만든다.'"

그가 인용한 문구처럼 잡스는 인생의 초반 30년 동안 스스로 만들었던 자신의 습관을 죽는 순간까지 버리지 않았다. 유명 인사가 된 후 파티 손님들에게 자신의 방식대로 음식을 조리해서 대접했고, 육류를 일체 내놓지 않았다. 지나친 채식으로 신체의 밸런스가 무너져 건강을 위협했지만, 잡스는 그래도 자신의 식습관을 고집했다. 의사들이 단백질이 풍부한 계란만이라도 섭취하라고 권했지만, 잡스는 그마저도 거부했다.

잡스의 이러한 편벽한 습관은 그의 수명을 단축시키는 한 요인으로 작용했고, 리더십에도 중대한 결함으로 작용했다. 하지만 다른 각도에서 보면 잡스가 그렇게 철저하게 자신의 신념에 충실했기 때문에 아이폰이나 아이패드 같은 불멸의 혁신 기기를 만들어낼 수 있었다.

애플 기기들의 가장 큰 단점은 다른 기기와 호환이 안 된다는 점이다. 많은 엔지니어들이 그 단점을 지적했지만, 잡스는 꿈쩍도 하지 않았다. 그럴 때마다 잡스의 답변은 한결같았다.

"문제 없어. 이대로 좋아(No problem. That's OK)."

잡스는 한 유닛(Unit) 안에서 기능이 완벽하게 통합되어 있는 기기가 최고의 혁신 제품이라고 믿었다. 이곳저곳으로 옮겨가면서 이 기능, 저 기능을 경험하는 것보다는 한 곳에서 모든 기능을 통합적으로 경험하는 것이 더 자연스럽다고 본 것이다. 애플 마니아들은 지금도 잡스의 그러한 신념을 추종한다. 현재까지 애플이 실리콘밸리의 선두를 수성하고 있는 것으로 보아 잡스의 이 철학은 여전히 잘 통한다.

21장

권한이 있어야 능동적으로 일한다

孔德之容(공덕지용) **惟道是從**(유도시종)

孔德之容(공덕지용): 위대한 덕의 모습은

惟道是從(유도시종): 오직 도를 따르는 데서 나온다.

道之爲物(도지위물): 도라고 하는 것은

惟恍惟惚(유황유홀): 그저 황홀할 뿐이다.

惚兮恍兮(홀혜황혜): 황홀하기 그지없지만

其中有象(기중유상): 그 안에 형상이 있다.

恍兮惚兮(황혜홀혜): 황홀하기 그지없지만

其中有物(기중유물): 그 안에 질료가 있다.

窈兮冥兮(요혜명혜): 그윽하고 어둡지만

其中有精(기중유정): 그 안에 정밀함이 있다.

其精甚眞(기정심진): 정밀함은 지극히 참된 것으로서

其中有信(기중유신): 그 안에는 믿음이 있다.

自古及今(자고급금): 예로부터 이제까지

其名不去(기명불거): 그 이름이 떠난 적이 없기 때문에

以閱衆甫(이열중보): 그로써 만물의 근원을 엿볼 수 있다.

吾何以知衆甫之狀哉(오하이지중보지상재): 내가 무엇으로 만물의 근원이 그러함을 알 수 있겠는가?

以此(이차): 바로 이 때문이다.

《도덕경》은 전체가 81장으로 구성되어 있으며 전반부는 대체로 도에 관한 내용을 다루고 후반부는 주로 덕에 관한 내용을 다룬다. 이 장에서는 도와 덕의 관계를 설명하고 있다. 도가 현실의 인간세계에서 그 모습을 드러내는 것이 덕이다. 따라서 도와 덕은 식물에서 씨앗과 열매의 관계와 같은 것이다. 씨앗이 잘 발아해야 좋은 열매를 맺듯이 도를 온전히 품고 따를 때 덕도 온전한 형태를 띠게 된다. 올바른 도의 속성에 대해서는 앞서 나온 내용들이 또 다시 반복된다. 도는 넓디넓고 깊디깊어 그윽하고 황홀하다. 어두컴컴한 모습을 하고 있기 때문에 인간의 감각기관으로 그 실체를 분간할 수는 없지만, 도의 가운데에 형상(象)과 질료(物)가 자리 잡고 있으며 대단히 정밀하고(精) 참되고(眞) 믿음직스럽다(信). 태고 적부터 지금까지 도라는 이름은 단 한 번도 그 자신을 떠난 적이 없으며 늘 같은 자리를 지킨다. 그래서 사람들은 그를 통해 만물의 근원(衆甫)을 알 수 있다.

실리콘밸리에서 창고 창업이라는 신화를 처음으로 쓴 휴렛팩커드

는 기업 경영에서 제도적 도덕성을 표방했다. 휴렛과 팩커드 두 사람은 직원들을 철저하게 믿고 존중했으며 수직적 관료주의를 타파하고 사원들의 복지에도 많은 신경을 썼다. 두 사람은 CEO이면서도 사무실에만 앉아 있지 않았다. 솔선수범해서 부지런히 현장을 뛰어다녔으며 그 과정에서 직원들과 적극적으로 소통했다.

휴렛팩커드의 가장 큰 성공 요인은 권한의 분산과 위임이라는 독특한 경영기법이었다. 휴렛팩커드는 고객과 가장 가까이 접하게 되는 직원들에게 그들이 보다 능동적으로 업무를 수행할 수 있도록 권한을 전폭적으로 위임했다. 이런 경영 철학 덕분에 휴렛팩커드의 직원들은 자신의 권한 범위 내에서 창의적인 제품을 내놓을 수 있었다.

척 하우스는 콜로라도 스프링스에 위치한 휴렛팩커드 연구소에 근무하는 책임연구원이었다. 척 하우스는 디스플레이 모니터 연구개발 프로젝트를 진행하고 있었는데 직속 상사가 이를 제지했다. 시장성이 없다는 이유에서였다. 하지만 척은 견본 모델을 가지고 잠재적인 고객들에게 보인 결과 반응이 좋다고 판단하여 자체적으로 연구개발을 진행했다. 그리고 본 제품을 완성했다. 결과적으로 이 제품은 시장에서 1만 7,000개가 팔려나갔고 3,500만 달러의 매출을 올렸다. 팩커드는 척에게 '엔지니어의 통상적 업무를 넘어선 비범한 불복종과 반항'이라는 문구가 적힌 메달을 수여했다. 이것이 바로 휴렛팩커드 방식이다. 큰 단위에서의 목표만 정한 후 세부적인 업무 추진 방식은 직원들에게 위임하는 무위의 리더십 덕분에 휴렛팩커드는 오늘날까지도 실리콘밸리에서 승승장구하고 있다.

22장

비전이 살아있어야
조직이 흔들리지 않고 오래간다

不自是故彰(부자시고창)

曲則全(곡즉전): 휘면 온전해지고

枉則直(왕즉직): 굽으면 곧게 된다.

窪則盈(와즉영): 움푹 파이면 채워지고

幣則新(폐즉신): 헐리면 새로워진다.

少則得(소즉득): 적으면 얻게 되고

多則惑(다즉혹): 많으면 미혹을 당하게 된다.

是以聖人抱一爲天下式(시이성인포일위천하식): 그러므로 성인은

하나를 품어 천하의 표준으로 삼는다.

不自見故明(부자견고명): 도는 스스로를 드러내지 않기에 밝고

不自是故彰(부자시고창): 스스로 옳다 하지 않기에 돋보이고

不自伐故有功(부자벌고유공): 스스로 자랑하지 않기에 그 공을

인정받게 되고

不自矜故長(부자긍고장): 스스로 뽐내지 않기에 오래간다.

夫唯不爭(부유부쟁): 다투지 않기에

故天下莫能與之爭(고천하막능여지쟁): 천하의 어떤 것도 그에 맞서지 못한다.

古之所謂曲則全者(고지소위곡즉전자): 옛 사람들이 휘면 펴진다고 한 것이

豈虛言哉(기허언재): 어찌 빈말이겠는가?

誠全而歸之(성전이귀지): 성심으로 온전해지면 도로 돌아간다.

굽은 것과 곧은 것은 사물의 외양은 달라 보이지만 그 본질은 같다. 달이 찼다가 기울고, 기울었다가 다시 차듯이 감각기관으로 지각될 때 굽어 보이는 사물도 언젠가는 곧은 모습을 회복한다. 뫼비우스의 곡선을 따라 움직이는 개미가 있다고 할 때 그 개미는 곡선이 아니라 직선 위를 계속 움직이고 있는 것이다. 사람의 눈으로는 뫼비우스의 띠가 구불구불해 보이지만 그 자체는 곧은 것이다. 우주에서 보면 지구는 둥글게 보이지만 인간의 눈으로는 둥근 모습을 절대 지각할 수 없는 것도 같은 이치다. 인생에서의 길도 이와 같다. 인생의 모든 길은 곧다. 길이 굽어져 보이는 것은 내 마음이 길을 굽은 것으로 받아들이기 때문이다. 굽은 길을 간다고 내 다리가 휘어지는 일은 없지 않은가?

천하의 표준은 하나다. 음과 양, 밝고 어두움, 크고 작음, 많고 적음, 빈 것과 채워진 것, 굽은 것과 곧은 것 등으로 이원화되어 있지만, 그 본질은 하나다. 도는 결국 하나로 수렴된다. 세상에는 많은 길이 있다.

오솔길, 시골길, 국도, 고속도로 등등. 하지만 모든 길은 하나로 연결된다. 그러므로 길이 아무리 멀고 험해 보여도 성심을 다해 뚜벅뚜벅 걷다 보면 언젠가는 목적지에 도달한다. 모든 길은 하나로 연결되어 있기 때문이다. 길은 하나고, 하나는 곧 도(道)다. 성심으로 온전해지면 도로 돌아간다고 한 마지막 문장도 이런 의미를 담고 있다.

실리콘밸리에는 무수히 많은 기업이 탄생했다가 사라진다. 구글이나 아마존, 애플처럼 잘나가는 기업도 있지만 그들보다 훨씬 많은 기업이 한때 반짝하다가 사라진다. 구글과 아마존, 애플도 영원하지는 않다. 언젠가는 사라질 것이다. 하지만 그들이 추구하는 혁신의 가치는 여전히 계곡에서 사라지지 않는다. 밸리를 주도하는 리딩 컴퍼니의 이름은 바뀌어도 그 속에 면면히 흐르는 혁신의 기운은 하나의 가치를 지닌 채 존속하고 있다. 그러한 하나의 가치가 실리콘밸리를 지켜나가는 원동력이며 그것은 곧 기술혁신에서의 도(道)다.

야후의 공동설립자 제리 양과 데이비드 파일로는 구글의 공동 창업자들처럼 스탠퍼드대학교에서 처음 만났다. 둘은 넷스케이프가 내비게이터를 내놓기 전에 선보였던 웹브라우저 모자이크를 가지고 놀았다. 개인 홈페이지를 만들어 골프스코어나 스모 경기를 올리기도 했다. 양과 파일로는 그들의 홈페이지에 담긴 여러 정보와 관심 있는 여타 사이트들을 기억하기 위해 주제별로 사이트를 분류한 후 하이퍼링크 리스트를 만들었다. 그리고 그것을 웹상에 올린 후 '제리의 모자이크 빠른 검색'이라는 이름을 붙였다. 이것이 발전한 것이 야후다. 1994년

말 야후의 방문객 수는 10만 명에 도달했고, 1998년 말에는 1억 6,000만 명을 돌파했다. 두 천재가 재미 삼아 가지고 놀던 홈페이지가 황금알을 낳은 것이다.

구글 이전에 인터넷 시장을 호령했던 야후는 이제는 포털시장에서 거의 자취를 감췄다. 하지만 야후를 공동으로 설립했던 제리 양과 데이비드 파일로 두 천재가 추구했던 가치는 인터넷에 여전히 살아있다. 지금은 구글 방식으로 알고리즘이 바뀌었지만, 두 천재의 아이디어에 묻어 있던 혁신의 기운은 여전히 살아 숨 쉬고 있는 것이다. 기술적 진보는 세대를 거치면서 하나의 길(道)을 따라 면면히 이어지고 있고, 그 과정에서 실리콘밸리는 혁신을 상징하는 거대한 플랫폼으로 진화하고 있다.

23장

함께 도모하여 서로 보완하고
극대화하라

希言自然(희언자연)

希言自然(희언자연): 자연은 말수가 적다.

故飄風不終朝(고표풍부종조): 회오리바람도 아침 내내 불지는 않고

驟雨不終日(취우부종일): 소낙비도 하루 종일 내리지는 않는다.

孰爲此者(숙위차자): 누가 이런 일을 주관하는가?

天地(천지): 천지다.

天地尚不能久(천지상불능구): 천지라도 이런 일은 오래 할 수가
없는데

而況於人乎(이황어인호): 하물며 사람이겠는가?

故從事於道者(고종사어도자): 도로써 일을 도모하는 사람은

道者同於道(도자동어도): 도에서는 도와 일체가 되고

德者同於德(덕자동어덕): 덕에서는 덕과 일체가 되고

失者同於失(실자동어실): 실에서는 실과 일체가 된다.

同於道者(동어도자): 사람이 도와 일체가 되면

道亦樂得之(도역락득지): 도 역시 그를 얻었음을 기뻐하고

同於德者(동어덕자): 덕과 일체가 되면

德亦樂得之(덕역락득지): 덕 역시 그를 얻었음을 기뻐하고

同於失者(동어실자): 실과 일체가 되면

失亦樂得之(실역락득지): 실 역시 그를 얻었음을 기뻐한다.

信不足焉有不信焉(신부족언유불신언): 신뢰가 부족하면 불신이
따른다.

복잡한 방법론을 동원한다고 해서 문제를 빨리 해결할 수 있는 것은 아니다. 답을 쉽게 얻기 위해서는 방법론이 간단명료해야 한다. 그래서 아인슈타인도 '단순해서는 안 된다. 가장 단순해야 한다'고 하지 않았는가? 자연이 말수가 적다는 것은 도의 미니멀리즘을 다르게 표현한 문장이다. 도란 구구절절 복잡한 것에 있지 않고 간단하고 단순한 것에 있다. 아침 내내 부는 바람이 없고 하루 종일 내리는 비가 없다는 구절은 도의 이러한 단순성을 자연현상에 빗댄 것이다. 복잡한 삼라만상을 관장하는 자연도 이렇게 간단하고 단순한데 사람은 오죽하겠는가? 행복해지기 위해서는 자연을 닮아 말수를 줄이고, 소박하게 살아야 한다.

도는 하나(一)라는 단순한 진리로 수렴되기 때문에 상황이 달라져도 그것이 적용되는 원리는 동일하다. 그래서 도를 만나면 도와 하나가 되고, 덕을 만나면 덕과 하나가 되고, 실(失)을 만나면 실과 하나가

된다. 원리가 하나인데 실을 만났다고 득(得)과 편을 먹을 수는 없지 않겠는가? 또한 동질적인 것들은 동지로서의 일체감을 느끼므로 어떠한 상황에서도 함께 기쁨을 누린다. 그래서 도를 만나면 도와 사람이 함께 기뻐하고, 덕을 만나면 덕과 사람이 함께 기뻐하고, 실을 만나면 실과 사람이 함께 기뻐한다. 만일 신뢰를 기반으로 하는 동지적 일체감이 사라지면 기쁨도 사라지고 불신만 남게 된다.

실리콘밸리의 간판 기업들 가운데는 단독 창업보다 공동 창업이 많다. 애플, 구글, 마이크로소프트, 휴렛팩커드, 인텔 등 귀에 익숙한 기업들은 대개가 공동 창업이다. 애플은 스티브 잡스와 스티브 워즈니악, 구글은 래리 페이지와 세르게이 브린, 마이크로소프트는 빌 게이츠와 폴 앨런, 휴렛팩커드는 빌 휴렛과 데이비드 팩커드, 인텔은 로버트 노이스와 고든 무어가 공동으로 창업했다. 애플의 경우에는 두 창업자가 잠시 등을 돌린 적이 있었지만, 나머지 기업들은 대체로 공동 창업자가 서로의 부족한 점을 보완하고 장점을 극대화하면서 기업을 키웠다.

공동 창업자들 간의 협력에 의한 시너지 효과라는 측면에서 특히 돋보이는 기업이 인텔이다. 인텔의 공동 창업자인 로버트 노이스와 고든 무어는 쇼클리가 영입했던 인재 1호와 2호였다. 하지만 그들은 윌리엄 쇼클리가 연구소를 독단적으로 운영하자 핵심 엔지니어들을 규합해 쇼클리를 탈출한다. 그리고 공동으로 창업한 회사가 바로 인텔이다. 로버트 노이스는 잭 킬비보다 시기는 조금 늦었지만 성능이 월등하게 우수한 집적회로를 발견했고, 고든 무어는 마이크로칩의 성능은 2년마다 두 배씩 늘어난다는 '무어의 법칙'을 발표한 인물이다. 로버트 노이스와 고든 무어는 동전던지기를 해서 각각 CEO와 COO를 맡았다. 닷컴 기업에는 절대로 투자하지 않았던 워런 버핏이 원칙을 깨면서 인텔에 투자할 정도로 두 사람의 신망은 높았다.

하지만 인텔을 오늘날의 기업으로 성장시킨 주역은 앤드루 그로브였다. 인텔이 폭발적인 성장세를 보이기 시작한 것은 IBM을 고객으로 잡은 후부터인데, 이는 전적으로 앤드루 그로브의 공이었다. 로버트 노이스는 온화하고 원만한 리더십으로 조직의 중심을 잡았고, 고든 무어는 치밀한 두뇌와 연구 능력으로 인텔의 기술개발을 주도했고, 앤드루 그로브는 활달한 성격과 천부적인 경영 감각을 앞세워 종횡무진 시장을 개척했다. 이들 세 사람의 협업과 시너지는 인텔이라는 또 하나의 실리콘밸리 스타기업을 탄생했다.

24장

요란스럽게 자신을
드러내지 마라

自矜者不長(자긍자부장)

企者不立(기자불립): 까치발로 서면 제대로 서 있을 수 없고

跨者不行(과자불행): 보폭을 너무 크게 하면 제대로 걸을 수 없다.

自見者不明(자견자불명): 스스로 드러내는 사람은 밝지 않고

自是者不彰(자시자불창): 스스로 내세우는 사람은 돋보이지 않는다.

自伐者無功(자벌자무공): 스스로 자랑하는 사람은 공로를 인정받지
못하고

自矜者不長(자긍자부장): 스스로 으스대는 사람은 공이 오래가지
않는다.

其在道也(기재도야): 도의 입장에서 보면

曰餘食贅行(왈여식췌행): 이런 일은 먹다 남은 밥이나 군더더기
행동으로

物或惡之(물혹오지): 모두가 싫어하는 것이다.

지나치면 모자란 것만 못하다는 과유불급을 도가 식으로 풀어낸 장이다. 앞서 나온 내용들이 되풀이되는 구절이 많다. 멀리 보려는 욕심이 지나쳐 까치발로 서면 신체의 중심이 무너져 안정된 자세로 서 있을 수 없다. 빨리 가려는 욕심이 지나쳐 보폭을 지나치게 크게 하면 제대로 걸을 수 없다.

자연은 서두르는 법이 없다. 봄을 앞당기려고 겨울을 짧게 하지도 않고, 뒤따르는 물이 앞서가는 물을 추월하려고 덜미를 잡지도 않는다. 자연처럼 서두르지 않고 자신에게 맞는 적당한 자세와 보폭으로 세상을 살아가는 것이 행복한 삶이다. 스스로를 드러내거나 스스로 으스대고 자랑하는 행동도 자연스럽지 않다. 표창장이 탐난다고 스스로 그것을 만들어 자신을 칭찬하는 일은 남들의 비웃음만 살 뿐이다. 노자는 이러한 것을 '여식췌행(餘食贅行)', 즉 먹다 남은 밥이나 군더더기 행동과 같다고 말한다.

도에는 여식췌행이 없다. 〈최후의 만찬〉을 그리고 있을 때 작업 속도가 더디다고 채근하는 루도비코 공작에게 레오나르도 다빈치는 이렇게 말했다.

"창의력은 천천히 뜸을 들이는, 때로는 아주 꾸물거리는 작업 방식을 요구합니다. 그렇게 해야 생각이 잘 무르익기 때문입니다. 대단한 천재성을 지닌 사람은 가장 적게 일할 때 가장 많은 것을 성취합니다."

실리콘밸리 천재들의 작업 방식은 게으름에 가깝다. 집중해서 일을 할 때는 밤잠을 미뤄가면서 몰두하는 경우도 있지만 전체적으로 볼 때 그들의 일과 행동, 삶은 대체로 느리다. 스티브 잡스가 세상을 떠난 후 애플의 선장을 맡은 팀 쿡도 느긋한 성격의 리더였다. 그는 서두르는 법이 없었고 자기만의 색깔로 제2의 애플 신화를 써내려가고 있다.

잡스가 떠난 후 팀 쿡이 애플의 지휘봉을 잡자 언론에서는 애플이 3, 4년 내에 매출이 급락해 위대한 회사에서 평범한 회사로 전락하고 말 것이라는 부정적인 전망을 쏟아냈다. 언론이 가장 큰 파도로 지목한 것은 삼성이었다. 실제로 애플은 삼성의 추격으로 휘청거렸다. 〈월스트리트저널(The Wall Street Journal)〉은 "애플은 결국 삼성에게 '멋'을 빼앗기고 말 것인가?"라는 자극적인 기사를 내보내기도 했다.

하지만 팀 쿡은 전혀 개의치 않았다. 요란스럽게 자신의 색깔을 드러내려고 애쓰지도 않았으며 묵묵히 자신에게 맡겨진 역할에 충실했다. 초기에는 급격한 변화를 추구하기보다 잡스의 리더십에서 부족했던 부분을 보완하는 데 집중했다. 격의 없는 타운홀 미팅을 통해 직원들과의 소통을 강화하는 한편 잡스의 부재로 인해 발생할 수도 있는 조직 내 빈틈을 메우는 일에 집중했다. 그러면서 서서히 잡스의 애플을 팀 쿡의 애플로 바꾸어나갔다.

팀 쿡은 소리 없이 강했다. 팀 쿡이 취임할 당시 3,500억 달러 수준이던 애플의 시가총액은 1년 후 6,229억 달러를 기록했다. 2018년에는 더 놀라운 성적을 거뒀다. 애플의 시가총액이 1조 달러를 돌파한 것이다. 역사상 그 어떤 기업도 이루어내지 못했던 일을 팀 쿡이 해냈다.

아이폰X의 경이로운 판매실적이 주요인이었다. 스티브 잡스가 아이폰에 생명력을 불어넣었다면 팀 쿡은 아이폰을 완전히 새로운 경지로 올려놓았다.

25장

모두에게 지극히 자연스럽고 이롭게 일하라

天法道(천법도) **道法自然**(도법자연)

有物混成(유물혼성): 실체는 있지만 뒤엉켜 있고

先天地生(선천지생): 천지보다 먼저 있었고

寂兮寥兮(적혜요혜): 소리도 없고 형체도 없고

獨立不改(독립불개): 변함없이 홀로 존재하고

周行而不殆(주행이불태): 두루 다니지만 위태롭지 않아

可以爲天下母(가이위천하모): 가히 천하의 어머니라 할 수 있는 것,

吾不知其名(오부지기명): 나는 그 이름을 모른다.

字之曰道(자지왈도): 글자를 써서 도라고 부를 뿐이다.

强爲之名曰大(강위지명왈대): 굳이 이름을 붙인다면 그것은 큰

것이다.

大曰逝(대왈서): 크기 때문에 서서히 뻗어나가고

逝曰遠(서왈원): 서서히 뻗어나가 멀어지고

遠日反(원왈반): 멀어지면 되돌아온다.

故道大(고도대): 도는 크다.

天大(천대): 하늘도 크고

地大(지대): 땅도 크고

王亦大(왕역대): 왕도 역시 크다.

域中有四大(역중유사대): 세상에는 네 가지 큰 것이 있는데

而王居其一焉(이왕거기일언): 왕도 그 가운데 하나다.

人法地(인법지): 사람은 땅을 법으로 삼고

地法天(지법천): 땅은 하늘을 법으로 삼고

天法道(천법도): 하늘은 도를 법으로 삼고

道法自然(도법자연): 도는 자연을 법으로 삼는다.

《도덕경》1장에서 도에 관한 총론을 언급한 후 노자는 다양한 변주를 통해 도의 속성과 원리를 언급한 바 있다. 이 장에서는 도의 실체와 속성, 원리를 보다 더 체계적으로 설명하고 있다. 도는 실체가 있으며 다양한 성분을 내포하고 있다. 하지만 각 성분이 분리되지 않고 하나로 뒤엉켜 있어 각각의 실체를 개별적으로 파악할 수는 없다. 빅뱅 직전 우주의 모든 에너지가 하나의 점으로 농축되어 있던 상태와 같다고 하겠다.

시간적으로 도는 천지보다 먼저 있었으며 지극히 적막하고 고요한 상태라 소리도 없고 형체도 없다. 절대적으로 독립된 실체라 늘 혼자지만 그를 위협하는 별도의 사물들이 없기 때문에 항구적으로 안전한

지위를 갖는다. 그로부터 만물이 탄생했기 때문에 만물의 어머니지만 딱히 정해진 이름이 없다. 인간들이 쓰는 문자(字)로 표현하다 보니 도라고 부르는 것이다. 도가 아니라 진(眞), 명(命), 상(常), 항(恒) 등 다른 이름을 붙여도 무방하다. 이름이 달라진다고 도의 속성이 변하는 것은 아니다.

도는 가늠할 수 없을 정도로 크기 때문에 서서히 움직여서 멀어진다. 그리고 극한 지점까지 멀어지면 다시 돌아온다. 다시 돌아오는 것은 도가 지구처럼, 우주처럼 둥글기 때문이다. 도를 하늘과 땅, 왕과 순환적으로 등치시키는 설명 방식은 앞서도 나왔다. 네 가지 모습으로 나타나는 도의 실체가 궁극적으로 지향하는 것은 자연이다. 그래서 '도법자연(道法自然)', 즉 도는 자연을 법으로 삼는다고 했다.

26장

사람을 부품으로 여기는 조직은
오래가지 않는다

輕則失本(경즉실본) **躁則失君**(조즉실군)

重爲輕根(중위경근): 무거움은 가벼움의 뿌리고

靜爲躁君(정위조군): 고요함은 분주함의 군주다.

是以聖人終日行(시이성인종일행): 그러므로 성인은 하루 종일
다닐지라도

不離輜重(불리치중): 짐수레를 떠나지 않는다.

雖有榮觀(수유영관): 화려한 경관이 있을지라도

燕處超然(연처초연): 초연함을 잃지 않고 제자리를 지킨다.

奈何萬乘之主(내하만승지주): 만승지국의 군주가

而以身輕天下(이이신경천하): 어찌 자기 몸을 가볍게 놀릴 수
있겠는가?

輕則失本(경즉실본): 가벼우면 근본을 잃게 되고

躁則失君(조즉실군): 조급하면 군주의 자리를 잃는다.

땅은 하늘을 이고 있지만 영겁의 세월동안 묵묵히 하늘의 무게를 견딘다. 그것이 무겁다고 내려놓는 일이 없다. 하늘은 덩치 큰 땅을 품에 안고 있다. 그것이 부담스럽다고 내려놓지 않는다. 하늘과 땅은 서로의 무게를 견디면서 서로를 가볍게 한다. 주변 경관이 아무리 화려해도 성인은 하루 종일 수레 곁을 떠나지 않고 제자리를 지킨다. 그것이 자신의 본분이기 때문이다. 수레를 떠나는 것은 본분을 망각하는 경거망동이다.

우리의 삶은 어떨까? 부모로서 삶의 무게가 무겁다고 자식이라는 짐을 함부로 벗어던지는 부모가 있을까? 환락이 주변에서 어른거린다고 가정이라는 수레를 떠나버리는 부모가 있을까? 묵묵히 그 무게를 견디면서 제자리를 지키는 것이 부모고, 그런 부모여야 자연스러운 것이다. 그 가운데 삶의 도가 있는 것이 아닐까? 부모가 무게를 견디는 만큼 자식의 짐이 가벼워지고, 가정이 그만큼 편안해진다. 부모가 지는 삶의 무거움은 자식들 삶의 가벼움의 근원이다.

기업에서는 CEO와 직원들이 이런 관계 속에 있다. 불경기가 찾아오면 대개의 CEO들은 직원들의 무게를 감당하지 못한다. 그래서 해고나 구조조정이라는 손쉬운 방법으로 그 짐을 벗어던진다. 하지만 그런 기업은 오래가지 못한다. 어려울 때 자신들을 지켜주지 못하는 회사에 대해 충성을 바칠 직원은 많지 않을 것이다. 언젠가는 자신의 차례가 올 것이라고 생각하면서 일에 집중하지 못한다. 그러다 보면 조직의 기강이 흔들리고 업무의 효율성이 떨어진다.

실리콘밸리에도 경기침체의 바람은 늘 불어온다. 오일쇼크로 전 세계 경제가 꽁꽁 얼어붙은 70년대 초반, 닷컴버블이 붕괴되던 2000년대 초반에 특히 실리콘밸리는 심한 몸살을 앓았다. 극심한 불경기를 맞아 감원과 해고라는 통상적인 방법으로 위기를 탈출하려는 기업들도 있었지만 다른 길을 걸은 기업도 있었다. 바로 휴렛팩커드가 대표적이다. 경기가 급격하게 하강 국면을 그리고 있던 70년대 초 휴렛팩커드는 직원 해고라는 방법 대신 전 직원의 봉급을 10퍼센트씩 삭감하고 금요일을 격주로 쉬어 작업 시간을 줄이는 '2주일 9일 근무제'를 실시했다. 이런 방식으로 휴렛팩커드는 극심한 경기침체 속에서 단 한 명의 직원도 내보내지 않았다. 당연히 회사에 대한 직원들의 충성심은 높아질 수밖에 없다. 직원들은 회사를 '컨트리클럽'이라고 부르면서 공동 창업자를 존경했고, 회사를 위해 헌신했다. 편하고 자유롭게 골프를 즐기는 컨트리클럽처럼 회사가 직원들에게 최상의 일터이자 쉼터였던 것이다. 휴렛팩커드는 여전히 '근무하기 좋은 기업', '존경받는 기업' 명단에서 상위권에 랭크되고 있다.

27장

혁신의 영감은 꾸준한 노력 속에서
부지불식간에 찾아온다

善行無轍迹(선행무철적)

善行無轍迹(선행무철적): 잘 걷는 사람은 자취를 남기지 않고

善言無瑕謫(선언무하적): 훌륭한 말에는 흠이 없으며

善數不用籌策(선수불용주책): 셈을 잘하는 사람은 계산기를 쓰지
않는다.

善閉無關楗而不可開(선폐무관건이불가개): 잘 닫힌 문은 빗장을
걸어놓지 않아도 열 수 없고

善結無繩約而不可解(선결무승약이불가해): 잘된 매듭은 꽉 졸라매지
않아도 풀 수 없다.

是以聖人常善求人(시이성인상선구인): 그러므로 성인은 언제나
사람을 잘 구하고

故無棄人(고무기인): 아무도 버리지 않는다.

常善救物(상선구물): 물건을 잘 구하고

故無棄物(고무기물): 아무것도 버리지 않는다.

是謂襲明(시위습명): 이를 일러 습명이라 한다.

故善人者(고선인자): 그러므로 선한 사람은

不善人之師(불선인지사): 선하지 못한 사람의 스승이요,

不善人者(불선인자): 선하지 못한 사람은

善人之資(선인지자): 선한 사람의 바탕이다.

不貴其師(불귀기사): 스승을 귀히 여기지 못하는 사람이나

不愛其資(불애기자): 바탕을 사랑하지 못하는 사람은

雖智大迷(수지대미): 비록 지혜롭다 해도 크게 미혹된 것이며

是謂要妙(시위요묘): 이것이 바로 도의 요체이면서 오묘함이다.

어려운 수학 문제를 계산기도 없이 술술 잘 풀거나 어려운 일을 쉽게 잘 해결하는 사람을 두고 '도사 같다', '도가 통했다'라는 표현을 쓴다. 험한 산길을 힘들이지 않고 잘 올라가는 사람에게도 같은 말을 한다. 이때 쓰는 '도'라는 표현이 이 장에서 노자가 말하는 도와 같은 의미를 갖는다. 일을 잘하는 사람은 티 나지 않게 자신의 업무를 매끄럽게 처리하지만, 일을 잘 못하는 사람은 무리수나 편법을 동원하다가 뒤탈을 남긴다.

잘 걷는 사람이 자취를 남기지 않는다거나 훌륭한 말이 흠을 남기지 않는다는 문장도 이런 각도에서 생각하면 쉽게 이해가 된다. 한밤중 고양이와 사람의 걸음걸이를 비교해보자. 고양이는 소리도 흔적도 없이 어느 틈에 안방 의자 위에 올라와 있다. 반면 사람은 밤에 볼일을

보러 갈 때도 꼭 쿵쾅거린다. 걸음이라는 측면에서 보면 고양이는 사람보다 더 도가 통했다.

셈을 잘하는 사람, 잘 닫힌 문, 잘 매진 매듭도 같은 맥락의 비유다. 셈을 잘하는 사람에게 계산기는 불필요한 군더더기이며, 잘 닫힌 문에게 빗장은 불필요한 잉여다. 24장에서 나온 것처럼 도의 입장에서 볼 때 이런 것들은 여식췌행이다. 자연은 선풍기가 없어도 바람을 잘 일으키며, 물레방아가 없어도 물을 잘 흘러가게 한다. 자연의 입장에서 선풍기와 물레방아는 자연에 덧댄 군더더기다.

성인이 사람을 잘 구하면서 하나도 버리지 않는 것은 사람을 차별적으로 구분하지 않기 때문이다. 구분하지 않는데 굳이 잘 고르고 못 고르고 할 까닭이 없지 않겠는가? 마찬가지로 사람을 구분하지 않기에 어떤 사람도 버릴 필요가 없다. 물건도 대립적 시각이 아니라 통합적 시각으로 보기 때문에 고르고 자시고 할 것도 없고, 버릴 것도 없다. 선악을 구분하지 않기에 선은 선대로 악은 악대로 존재가치를 가진다. 그래서 선악을 서로의 스승이면서 서로의 바탕이라고 했다.

인간의 눈으로 보면 똑 부러지게 구분을 잘하는 사람이 유능해 보이지만, 노자가 말하는 도의 입장에서 볼 때는 그 반대다. 구분을 잘하는 사람은 지혜로운 것이 아니라 미혹된 것이다. 구분하다 보면 차별하게 되고 차별하다 보면 가려 쓰게 되고 그 과정에서 필연적으로 배제되는 사람이나 사물, 잉여가 생기게 된다. 도에는 잉여가 없기 때문에 구분은 도의 이치에 어긋나는 것이다.

노자는 자연스러운 깨달음, 직관적으로 사물의 본질을 깨우치는 것을 '습명(襲明)'이라고 한다. 습은 '엄습할 습' 자로 어떤 깨달음이 부지 불식간에 훅 하고 다가온다는 뜻이다. 한밤중 소리 없이 안방으로 엄 습해 들어오는 고양이처럼 말이다. 화두를 붙들고 낑낑거린다고 깨달 음을 얻을 수 있는 것이 아니다. 오히려 모든 것을 내려놓고 머리를 비 우면 자연스럽게 깨달음이 찾아온다. 그래서 모든 깨달음은 본질적으 로 습명이다. 보리수 밑에서 석가모니가 얻은 깨달음도 습명이고, 광야 에서 예수가 찾은 깨달음도 습명이다.

실리콘밸리의 천재들에게 찾아온 혁신의 영감도 모두 습명이다. 래 리 페이지는 스탠퍼드대학교 기숙사에서 꿈을 꾸다가 문득 구글의 검 색엔진에 대한 영감을 얻었다. 자리에서 벌떡 일어난 래리 페이지는 꿈에서 보았던 내용을 즉각 메모지에 옮겨 적었고, 이 영감을 바탕으 로 구글의 창업에 나섰다.

마이크로소프트의 창업 배경에도 이런 습명의 운명적 깨달음이 있 었다. 고등학교 동창인 빌 게이츠를 만나러가던 폴 앨런은 우연히 하버 드대학교 광장 가판대에서 〈파퓰러 일렉트로닉스(Popular Electronics)〉 라는 잡지에 실린 알테어 컴퓨터 광고를 본다. 알테어는 MITS라는 회 사가 내놓은 컴퓨터로 인텔이 개발한 제3세대 마이크로프로세서 8080 을 장착하고 있었다. 알테어는 당시 해커들이 즐겨 보던 TV드라마인 〈스타트렉(Star Trek)〉에 나오는 미지의 땅 이름이었다. 기억 용량은 고 작 250바이트에 지나지 않았고 키보드나 모니터, 마우스도 갖추어 있 지 않았지만 가격이 400달러로 비교적 저렴했기 때문에 해커들의 구미를 자극했다. 알테어 광고를 보는 순간 어떤 영감이 훅 하고 폴 앨런의 뇌리를 스쳤다. 폴 앨런은 지체 없이 대학교 기숙사로 달려가서 빌 게이츠에게 "유레카"라고 외친다. 그러면서 알테어용 베이식 프로그램을 만들자고 제안한다.

빌 게이츠는 고등학생 시절 컴퓨터에 미쳐 폴 앨런과 함께 밤을 지새우면서 프로그램을 만들기도 했다. 하지만 대학 진학 후에는 부모님들의 소망대로 법률가가 되기 위해 법학 공부에 매달리고 있었다. 그런데 폴 앨런의 제안이 빌 게이츠의 내면에 잠자고 있던 IT에 대한 열정을 깨웠다. 그리고 하버드대학 중퇴라는 일생일대의 결단을 내렸다. 그렇게 탄생한 기업이 바로 마이크로소프트다.

28장

훌륭한 리더는 묵묵히 경청할 뿐 내세우지 않는다

大制不割(대제불할)

知其雄(지기웅): 남성다움을 알면서

守其雌(수기자): 여성다움을 유지하면

爲天下谿(위천하계): 천하의 계곡이 된다.

爲天下谿(위천하계): 천하의 계곡이 되면

常德不離(상덕불리): 영원한 덕에서 떠나지 않고

復歸於嬰兒(복귀어영아): 갓난아기로 돌아간다.

知其白(지기백): 흰 것을 알면서

守其黑(수기흑): 검은 것을 유지하면

爲天下式(위천하식): 천하의 본보기가 된다.

爲天下式(위천하식): 천하의 본보기가 되면

常德不忒(상덕불특): 영원한 덕에서 어긋나지 않고

復歸於無極(복귀어무극): 무극의 상태로 돌아가게 된다.

知其榮(지기영): 영광을 알면서

守其辱(수기욕): 오욕을 유지하면

爲天下谷(위천하곡): 천하의 골짜기가 된다.

爲天下谷(위천하곡): 천하의 골짜기가 되면

常德乃足(상덕내족): 영원한 덕이 풍족하게 되고

復歸於樸(복귀어박): 순박한 통나무로 돌아가게 된다.

樸散則爲器(박산즉위기): 통나무를 쪼개면 그릇이 된다.

聖人用之(성인용지): 성인은 이를 사용하여

則爲官長(즉위관장): 지도자가 된다.

故大制不割(고대제불할): 그러므로 훌륭한 지도자는 분할하지
않는다.

자연은 하나로 존재한다. 분할하지 않는다. 봄여름가을겨울, 낮과 밤은
인간이 구분한 것이지 자연이 구분한 것이 아니다. 이 장에 나오는 남
성스러움과 여성스러움, 흑과 백, 영광과 오욕 등은 인간의 대립적 사
고에 의해 분리된 것이다. 노자는 이것들을 통합적으로 인식할 때 도
를 깨우치게 된다고 말한다. 천하의 계곡, 어린아이, 천하의 본보기, 무
극, 통나무와 같은 표현은 통합적 사고를 함으로써 얻게 되는 진리의
원천, 본질을 나타내기 위해 쓰인 것들이다. 노자는 순수하고 명증한
진리, 즉 도를 깨우친 상태를 통나무에 자주 비유한다. 이것은 가공하
기 전 원형 그대로의 통나무가 가지는 자연스러움과 질박함, 원만함
등이 단순하고 소박한 도의 속성과 잘 어울리기 때문이다.

통나무를 쪼개서 그릇을 만든다는 표현은 오해를 불러일으킬 수도 있다. '분할하지 않는다'는 문장과 상반되어 보일 수도 있기 때문이다. 그러나 통나무를 쪼갠다고 할 때의 분할과 흑과 백, 영광과 오욕을 구분한다고 할 때의 분할은 다른 의미로 쓰인 것이다. 흑과 백, 영광과 오욕은 명확하게 구분된다. 하지만 통나무를 쪼갠다고 통과 나무가 되는 일은 없다. 통나무는 쪼개도 통나무와 통나무다. 도를 쪼갠다고 도와 비도로 분할되지 않는 것과 같은 이치다. 통나무를 쪼개서 만든 그릇으로 국가 경영에 사용한다는 말은 질박하고 순수한 도를 리더십의 원천으로 삼는다는 의미다.

인텔의 공동 창업자 중 한 사람인 로버트 노이스는 미래를 내다보는 직관력이 뛰어났다. 1971년 로버트 노이스는 어느 모임에서 반경 8센티미터 크기의 실리콘 웨이퍼(실리콘으로 된 반도체의 얇은 판)를 소개하면서 이렇게 말했다.

"이것을 주목해주십시오. 이 작은 웨이퍼가 여러분의 집에 혁신을 가져다 줄 것입니다. 여러분은 이 물건 덕분에 앞으로 거의 모든 종류의 정보에 접근할 수 있을 것입니다. 앞으로는 더 이상 실물 형태의 돈이 필요 없어질지도 모릅니다. 모든 것이 전자화될 테니까요."

로버트 노이스는 3차 산업혁명의 태동기에 이미 4차 산업혁명을 예고했다. 로버트 노이스의 리더십은 통나무와 같았다. 그는 직원들의 보고를 받을 때 묵묵히 경청할 뿐 특별히 자신의 주장이나 의견, 고집을 내세우지 않았다. 근엄한 표정과 눈빛, 묵직한 음성으로 직원들을 제압

했다. 앞서도 소개했지만 투자의 귀재 워런 버핏은 닷컴기업에는 절대로 투자하지 않는다는 원칙을 갖고 있었는데, 이 원칙을 허물었던 단하나의 예외가 인텔이었다. 버핏은 인텔에 투자하면서 이렇게 말했다.

"말이 아니라 말을 끄는 기수를 보고 투자했다."

버핏이 말하는 기수는 로버트 노이스였다.

29장

모든 것을 얻고자 하면
아무것도 얻을 수 없다

爲者敗之(위자패지) **執者失之**(집자실지)

將欲取天下而爲之(장욕취천하이위지): 천하를 취하고자 하지만

吾見其不得已(오견기부득이): 내가 보건대 필경 성공하지 못한다.

天下神器(천하신기): 천하는 신령한 그릇이니

不可爲也(불가위야): 함부로 취할 수가 없다.

爲者敗之(위자패지): 하고자 하면 실패하고

執者失之(집자실지): 잡고자 하면 잃는다.

故物或行或隨(고물혹행혹수): 사물은 혹 앞서기도 하고 뒤서기도 하고

或歔或吹(혹허혹취): 혹 숨을 내쉬기도 하고 들이쉬기도 한다.

或强或羸(혹강혹리): 강한 것이 있는가 하면 약한 것도 있고

或挫或隳(혹좌혹휴): 묶이는 것이 있는가 하면 탈락하는 것도 있다.

是以聖人(시이성인): 따라서 성인은

| 去甚去奢去泰(거심거사거태): 지나친 것과 사치, 교만을 버린다.

천하를 움켜쥐려고 하는 것은 자연을 한 손으로 집으려는 것처럼 어리석고 무모하다. 손이 아무리 커도 자연을 한 손에 쥘 수는 없지 않겠는가? 권력이나 부, 명성도 이와 같다. 억지로 잡으려고 하면 오히려 잃는다. 사물은 혹 앞서기도 하고 뒤서기도 한다. 모든 사물을 앞에만 둘 수는 없다. 때로는 숨을 내쉬어야 하고 때로는 들이쉬어야 한다. 내쉬기만 하거나 들이쉬기만 하면 생명을 유지할 수 없다. 사물은 강한 것도 있고 약한 것도 있다. 모든 것을 강하게만 할 수는 없다.

도는 편벽된 것, 치우친 것, 극단적인 것에 있지 않다. 그래서 성인은 극단을 피한다. 극단적인 말과 행동, 지나친 부와 권력, 명성을 버린다. 드라마 〈낭만닥터 김사부〉에서 김사부(한석규 분)는 이렇게 말한다.

"살면서 내가 가장 잘한 일은 내 이름을 버린 것이다. 이름을 버리니 어깨가 가벼워지고, 명성을 버리니 자유가 찾아왔다."

외과의사 김사부는 수술 성공률 97퍼센트를 자랑하는 천하의 명의였지만 자신의 이름을 내려놓은 후 강원도 정선의 시골병원에 숨어들었다. 그리고 그곳에서 다양한 인간 군상들의 생명을 다루면서 의사로서 참된 도를 깨우친다. 그가 자신의 명성에 집착했더라면 그러한 도를 깨우칠 수 없었을 것이다.

마이크로소프트의 빌 게이츠는 실리콘밸리의 황제로 불렸다. 그가 개발한 컴퓨터 운영체제가 세상의 표준이 되었다. 하버드대학교에서 법학을 전공한 덕분에 빌 게이츠는 IBM과 운영체제 납품 계약을 맺으면서 마이크로소프트에게 유리한 조건을 걸 수 있었다. 판매 건수당 로열티를 별도로 받으면서 소유권을 항구적으로 마이크로소프트에 귀속시키는 것으로 문구를 작성한 것이다. IBM은 미래의 PC 보급률을 제대로 예측하지 못한 채 빌 게이츠가 요구한 대로 계약서에 서명했다. 그 계약으로 빌 게이츠는 세계 제1의 갑부라는 타이틀을 얻게 됐다. 그러나 빌 게이츠는 독점 소송에서 패소한 후 자신의 재산과 명성을 모두 내려놓고 인류를 위해 봉사하는 '빌 앤드 멀린다 재단'의 이사장이 되었다. 이제 그를 위대하게 만든 것은 실리콘밸리의 황제, 세계 제1의 갑부로서 빌 게이츠가 아니라 빌 앤드 멀린다 게이츠 재단의 이사장으로서 빌 게이츠다.

30장

이루었다면 때를 알고
내려놓을 줄 알아야 한다

善有果而已(선유과이이) **不敢以取强**(불감이취강)

以道佐人主者(이도좌인주자): 도로써 왕을 보좌하는 사람은

不以兵强天下(불이병강천하): 군사력으로 천하를 호령하지 않는다.

其事好還(기사호환): 그런 일에는 반드시 반대급부가 따른다.

師之所處(사지소처): 군사가 주둔하던 곳에는

荊棘生焉(형극생언): 가시엉겅퀴가 자라나고

大軍之後(대군지후): 큰 군사를 일으킨 뒤에는

必有凶年(필유흉년): 반드시 흉년이 뒤따른다.

善有果而已(선유과이이): 선한 사람은 족함을 알고

不敢以取强(불감이취강): 더 강해지려 하지 않는다.

果而勿矜(과이물긍): 이룬 후 자랑하지 않고

果而勿伐(과이물벌): 이룬 후 뽐내지 않고

果而勿驕(과이물교): 이룬 후 교만하지 않는다.

果而不得已(과이부득이): 이루되 꼭 필요한 것만 하고

果而勿强(과이물강): 더 강해지려는 욕심을 버린다.

物壯則老(물장즉로): 사물은 그 기운이 지나치면 반드시 쇠하는데

是謂不道(시위부도): 극단으로 치닫는 것은 도가 아니기 때문이다.

不道早已(부도조이): 도가 아닌 것은 지속되지 아니 한다.

노자는 중국 춘추전국시대의 인물이다. 이 시기는 주나라를 중심으로 하는 종법 질서가 와해되고 혼란이 지속되던 때다. 수백 개로 나뉜 제후국들은 자신들의 영토를 한 뼘이라도 더 넓히기 위해 치열하게 경쟁했으며 그들이 의존한 것은 군사력이었다. 누가 더 강한 군대를 보유하느냐에 따라 천하 패권의 향배가 갈렸다. 백성들은 시도 때도 없이 전쟁에 동원되었고, 전쟁의 화마가 휩쓸고 지나간 곳은 농사조차 지을 수 없는 폐허로 변하기 일쑤였다.

전쟁은 엄청난 후유증과 상처를 남겼다. 민생은 피폐되고 백성들은 육체적으로 정신적으로 지쳐갔다. 이러한 참상을 눈으로 직접 확인한 노자는 속세를 떠나면서 《도덕경》 5,000여 자를 남겼다. 제후들에게는 군사력이 곧 정의였지만 노자가 볼 때는 군사력이야말로 천하를 혼란하게 하는 주요인이었다. 그래서 노자는 무기를 내려놓고 자연으로 돌아가라고 설파했다. 사회질서를 유지하기 위해 어느 정도의 물리적 강제력이 필요한 것은 사실이지만 그것은 최소한의 범위 내에서 그쳐야 한다고 말한다. 그래서 군사력을 자랑하지 말고 더 강해지려는 욕심을 버리라고 말한다.

실리콘밸리의 군사력은 돈이다. 그곳에서는 돈이 모든 것을 말해준다. 돈이 곧 질서고, 돈이 곧 정의다. 혁신기술이 빛을 볼 수 있는 것도 벤처캐피털의 자금 덕분이며, 기술이 아무리 우수해도 자금의 지원을 받지 못하면 싹을 틔우지 못한다. 그러나 노자의 말처럼 돈의 기운이 극에 달하면 반대급부가 뒤따르는 것이 실리콘밸리의 또 다른 질서이기도 하다.

빌 게이츠는 IBM에 운영체제를 독점적으로 납품하면서 실리콘밸리 최고의 부자가 되었다. IBM의 컴퓨터가 팔려나갈 때마다 빌 게이츠의 안방에는 돈이 차곡차곡 쌓여갔다. 이렇게 확보된 자금으로 빌 게이츠는 브라우저 전쟁에서 넷스케이프를 무너뜨렸다. 기술력에서는 넷스케이프의 내비게이터가 앞섰지만, 윈도95를 운영체제에 끼워 공짜로 뿌려대는 마이크로소프트의 파상 공세에 넷스케이프는 속절없이 무너졌다. 운영체제에 브라우저까지 장악한 빌 게이츠에게 더 이상의 적수는 없었다. 그는 실리콘밸리를 완전히 정복했으며 황제에 등극했다. 하지만 이런 과욕이 결국은 빌 게이츠의 발목을 잡았다. 욱일승천하던 빌 게이츠의 기운은 미국 연방법원이 마이크로소프트의 상술이 독점이라는 판결을 내림으로써 완전히 꺾였다.

31장

경쟁자에게도 예의를 갖춰라

勝而不美(승이불미)

夫佳兵者(부가병자): 성능이 좋은 무기는

不祥之器(불상지기): 상서롭지 못한 물건으로

物或惡之(물혹오지): 모두가 그것을 혐오한다.

故有道者不處(고유도자불처): 그러므로 도의 사람은 이런 것에

집착하지 않는다.

君子居則貴左(군자거즉귀좌): 군자는 왼쪽을 귀하게 여기지만

用兵則貴右(용병즉귀우): 용병 때는 오른쪽을 귀하게 여긴다.

兵者不祥之器(병자불상지기): 무기는 상서롭지 못한 물건이므로

非君子之器(비군자지기): 군자가 쓸 것이 못 된다.

不得已而用之(부득이이용지): 부득이하게 써야 할 경우

恬淡爲上(염담위상): 담담함을 그 으뜸으로 여기고

勝而不美(승이불미): 승리하더라도 이를 미화하지 않는다.

而美之者(이미지자): 이를 미화한다는 것은

是樂殺人(시락살인): 살인을 즐기는 것이다.

夫樂殺人者(부락살인자): 살인을 즐기는 사람은

則不可得志於天下矣(즉불가득지어천하의): 천하에서 큰 뜻을 펼 수 없다.

吉事尙左(길사상좌): 길한 일이 있을 때는 왼쪽을 높이고

凶事尙右(흉사상우): 흉한 일이 있을 때는 오른쪽을 높인다.

偏將軍居左(편장군거좌): 둘째로 높은 장군은 왼쪽에 위치하고

上將軍居右(상장군거우): 제일 높은 장군은 오른쪽에 위치한다.

言以喪禮處之(언이상례처지): 이는 상례로 처리하는 까닭이다.

殺人之衆(살인지중): 많은 사람을 죽였으면

以哀悲泣之(이애비읍지): 슬퍼하고 비통해하고 눈물을 흘려야 한다.

戰勝以喪禮處之(전승이상례처지): 전쟁에서 승리하더라도 장례는 반드시 이렇게 치뤄야 한다.

사람들은 전쟁에서 이긴 후 돌아오는 개선장군을 향해 꽃가루를 뿌리면서 이름을 연호한다. 예나 지금이나 이런 관습에는 변함이 없다. 로마에서는 개선장군을 위해 화려한 퍼레이드를 열었고, 파리의 개선문도 전쟁에서의 승리를 기념하기 위해 건축한 것이다. 국가에서는 훈장을 수여해서 승전자의 이름을 드높인다.

그러나 노자가 볼 때 이러한 행사는 도에 합당하지 않다. 전쟁에서 승리한 사람을 추켜세우는 것은 결국 살인을 정당화하고 미화하는 것

이다. 30장과 31장은 《도덕경》가운데서 노자의 평화주의 사상을 보여주는 대표적인 장이다. 여기서 노자는 살상용 무기를 손에서 내려놓고 전쟁에서 패배한 사람에게도 최소한의 인도주의적 예를 갖추라고 말한다. 죽은 사람을 위해서 정중하게 장례를 치르고 마음속으로 슬퍼하면서 눈물을 흘리라고 말한다.

역사적으로도 노자가 말한 방식대로 장례를 치른 사람은 신의 축복을 받았고, 그 반대로 행한 사람은 신의 저주를 받았다. 호메로스의 《일리아드》에서 그리스 연합군은 트로이 군대를 격파한 후 휴전을 선포하고 정중한 장례를 치르면서 애도한다. 신은 그리스를 축복했으며 그들에게 승리를 안겨줬다. 그러나 항복한 진나라의 군사 20만 명을 산 채로 매장시킨 후 이를 자축한 항우는 결국 천하를 유방에게 넘겨준 후 비참한 최후를 맞았다.

고대 중국에서는 왼쪽을 생명의 기운이 넘치는 곳으로 여기고 오른쪽은 죽음의 기운이 넘치는 곳으로 여겼다. 그래서 평상시 관직의 서열을 정할 때에는 왼쪽을 더 높였다. 이러한 관습은 우리나라에도 그대로 전해졌다. 조선시대의 경우도 비록 그 품계는 같지만 좌의정을 우의정보다 더 높였다. 좌우로는 정렬이 있어도 우좌로는 정렬이 없는 것도 같은 이치다. 하지만 전쟁 시에는 죽음의 기운이 넘친다고 보고 오른쪽을 왼쪽보다 더 높였다. 그래서 전투에 참가하는 장군도 서열 1위인 상장군(上將軍)은 오른쪽에 배치하고 서열 2위인 편장군(片將軍)은 왼쪽에 배치했다. 장례를 거행할 때도 이러한 방식을 따랐다.

빌 게이츠의 황제 대관식으로 희생된 최초의 인물은 게리 킬달이었다. 킬달은 컴퓨터 운영체제를 가장 먼저 발명한 천재 엔지니어였다. 빌 게이츠가 IBM과 맺은 행운의 계약으로 운영체제 시장을 장악하기 전까지 실리콘밸리에서 통용되던 컴퓨터의 표준 운영체제는 게리 킬달이 개발한 CP/M이라는 운영체제였다.

IBM 엔지니어들이 게리 킬달을 만나기 위해 그의 사무실을 방문했을 때 킬달은 태평양 상공에서 개인용 비행기를 몰면서 휴가를 즐기고 있었다. 킬달의 아내가 그를 대신해 계약조건을 협상했지만 그녀는 IBM의 지나친 보안 요구 때문에 계약서에 서명하지 않았다. 그 후 IBM은 빌 게이츠를 찾아갔고, 대세를 정확하게 읽은 빌 게이츠가 Q-DOS라는 운영체제의 라이선스를 헐값에 매입해 MS-DOS로 이름을 바꿔 IBM에 납품하면서 게리 킬달은 천운을 날렸다. 그때 만일 게리 킬달이 IBM의 조건을 수용해 자신이 개발한 CP/M이라는 운영체제를 IBM에 납품했더라면 오늘날 컴퓨터업계의 판도는 확 달라졌을 것이며, 게리 킬달은 빌 게이츠를 능가하는 부호가 되었을 것이다.

게리 킬달은 빌 게이츠를 사기꾼에 버금가는 형편없는 인물이라고 맹비난했지만 대세를 돌이킬 수는 없었다. 은퇴 후 외롭게 살아가던 킬달은 52세라는 젊은 나이에 쓸쓸한 최후를 맞는다. 빌 게이츠는 킬달의 죽음을 알고 있었지만 장례식에는 모습을 나타내지 않았다. 패배한 장수의 죽음에 최소한의 인간적인 예의마저 갖추지 않음으로써 빌 게이츠는 자신의 삶에 큰 오점을 남겼다. 그 때문이었을까? 신은 빌 게이츠의 머리에서 황제의 왕관을 벗겼다.

32장

과거의 명성에 집착하지 마라

名亦旣有(명역기유) **夫亦將知止**(부역장지지)

道常無名(도상무명): 도란 항구적으로 이름을 붙일 수 없다.

樸雖小(박수소): 질박한 통나무처럼 작아 보이지만

天下莫能臣也(천하막능신야): 천하에 이를 다스릴 신하는 없다.

侯王若能守之(후왕약능수지): 제후나 왕이 이를 지킬 줄 알면

萬物將自賓(만물장자빈): 만물이 장차 저절로 번창하고

天地相合(천지상합): 천지가 서로 합하여

以降甘露(이강감로): 감로가 내리고

民莫之令而自均(민막지령이자균): 백성은 법이 없어도 저절로 균등해진다.

始制有名(시제유명): 이름은 만물이 만들어지면서 생긴 것이니

名亦旣有(명역기유): 이름을 이미 얻은 후에는

夫亦將知止(부역장지지): 멈출 줄 알아야 한다.

知止可以不殆(지지가이불태): 멈출 줄 알면 위태롭지 않다.

譬道之在天下(비도지재천하): 비유하자면 도가 천하에 있는 것은

猶川谷之於江海(유천곡지어강해): 개천과 계곡의 물이 강이나 바다로

흘러드는 것과 같다.

《도덕경》에서 이름을 얻는 행위는 사물이나 행위의 완결성을 뜻한다. 도가 이름을 얻어 현실 세계에서 이미 실현되었다는 의미다. 완결되었음에도 불구하고 한 걸음 더 나아가는 것은 여식췌행이다. 불필요한 인위를 자연에 덧대는 것이며 도에서 이탈하는 것이다. 노자가 과도한 것, 극단적인 것, 사치한 것, 교만한 것을 경계하는 이유도 바로 여기에 있다.

　넥타이를 열 개 정도 장만했으면 그것으로 충분한데, 값이 싸다고, 무늬가 예쁘다고, 신상이라고 하나씩 더 사는 행위가 여식췌행이다. 서른세 평 아파트를 장만했으면 충분한데 더 넓은 평수를 장만하겠다고 아등바등하는 것도 여식췌행이다. 넥타이 열 개, 서른세 평 아파트로 살림의 도가 완결되었으므로 그 후부터는 그러한 물건들이 주는 충족감과 행복감을 누리면서 사는 것이 자연스러운 삶이다. 거기서 더 나아가는 것은 과도한 욕심이다. 기준이 다를 수는 있지만 보통 서민의 삶에서 볼 때 넥타이 열 개, 서른세 평 아파트 정도면 충분하지 않은가? 살림의 완결성이라는 이름을 얻었으면 적당한 선에서 멈출 줄 아는 것이 도에 합당한 삶의 태도다. 노자가 말하는 도가 어렵다고들 하지만 본질을 이해하고 보면 뭐 그리 대단한 것이 아니다. 상식적으로

적당한 수준에서 멈추고 거기서 삶의 행복을 찾으라는 것이 《도덕경》의 주된 메시지다.

머리사 메이어는 수학과 과학을 워낙 잘해 고등학교 시절부터 천재라는 소리를 들었다. 스탠퍼드대학교에서 컴퓨터공학과 AI를 전공한 후 구글 최초의 여성 엔지니어로 입사했다. 입사 후 구글의 주 수입원 중 하나인 구글 애드워즈(Google Adwords) 개발에 결정적 기여를 했다. 천재성과 혁신역량을 발휘한 머리사 메이어는 38세의 나이에 〈포브스(Forbes)〉, 〈포천(Fortune)〉 등이 차세대 여성 리더로 꼽을 만큼 큰 이름을 얻었다. 그 덕분에 머리사 메이어는 2012년 야후의 CEO로 영입됐다. 고전하고 있던 야후의 주가는 머리사 메이어가 CEO를 맡은 이후 수직상승했다. 하지만 거기까지였다. 그 후 야후는 급격하게 추락했다. 많은 돈을 들여 공격적으로 기업을 인수했지만 대부분 실패로 끝났다. 야후의 기업 가치는 날이 갈수록 떨어졌고 누적적자를 견디지 못한 야후는 마침내 핵심사업인 인터넷사업을 통신회사 버라이즌에 매각했다. 그리고 머리사 메이어는 2017년 야후를 떠났다.

촉망받던 여성 CEO 머리사 메이어가 추락한 근본 원인은 이름에 대한 그녀의 과도한 집착이었다. 구글에서 야후의 CEO로 자리를 옮긴 후 머리사 메이어는 "내가 누군지 아느냐?"며 직원들을 몰아붙였다. 재택근무를 폐지해 직원들의 반발을 불렀지만 그녀는 요지부동이었다. 대화와 타협은 없었다. 반발하는 직원들은 가차 없이 잘랐다. 그녀가 CEO로 재직한 5년 동안 야후의 엔지니어들 가운데 50퍼센트가 야후를 떠났다.

리더십은 노자가 말하듯이 계곡의 물이 강을 거쳐 바다에 이르는 것처럼 자연스러워야 한다. 하지만 불행하게도 머리사 메이어는 그러한 리더십을 발휘하지 못했다. 이름을 얻은 후 멈출 줄 모르면 그 이름으로 오히려 화를 입는다는 것이 노자가 말하는 도의 원리다. 실리콘밸리라고 예외는 아니다.

33장

내면을 찾는 연습에는
끊임이 없어야 한다

自勝者强(자승자강)

知人者智(지인자지): 남을 아는 사람은 지혜롭고

自知者明(자지자명): 자신을 아는 사람은 밝다.

勝人者有力(승인자유력): 남을 이기는 사람은 힘이 세고

自勝者强(자승자강): 자신을 이기는 사람은 강하다.

知足者富(지족자부): 족함을 아는 사람은 부유하고

强行者有志(강행자유지): 강한 사람의 행동에는 지조가 있다.

不失其所者久(불실기소자구): 이런 사람은 제자리를 잃지 않으니
오래가고

死而不亡者壽(사이불망자수): 죽어서도 잊히지 않으니 장수한다.

《도덕경》에서는 지(智)와 명(明)을 구분한다. 지는 대립적 시각으로 사물과 사람을 구분하는 지적 능력을 일컫고, 명은 통합적 시각으로 만

물의 본질을 꿰뚫어보는 통찰력을 일컫는다. 도를 지각하는 것은 후자를 통해서다. 도란 나뉘어져 있지 않고 하나로 통합되어 있기 때문이다. 남을 안다는 것은 그 사람을 나와 구분된 객체로서 인식한다는 것이며, 나를 안다는 것은 독립된 인격체로서 나라는 존재의 본질을 꿰뚫어본다는 것이다. 그러므로 남을 아는 것은 지에 해당되고, 나를 아는 것은 명에 해당된다.

유력(有力)과 강(强)을 서로 다른 개념으로 구분해서 보는 것도 같은 이유에서다. 나와 분리된 객체로서 타인을 이기는 것은 유력이고, 나와의 싸움에서 이기는 것은 강이다. 타인을 통제하는 힘인 권력은 유력의 범주에 해당되고, 마음의 갈등을 스스로 다스리고 조절하는 힘은 강에 해당된다. 지족(知足)은 나를 아는 것이고, 강행(强行)은 나를 이기는 것이다. 그래서 지족하면 부유하다고 했고, 강행에는 지조가 있다고 했다. 자신을 알고 자신을 이기는 사람이라야 제자리를 잃지 않고 오래간다. 외물의 공격이나 유혹에 흔들리지 않고 마음의 중심을 지킬 수 있기 때문이다. 그런 사람은 죽은 후에도 잊히지 않으니 수명이 길다고 했다.

자신을 알기 위한 수행 중 명상만큼 좋은 것이 없다. 고요한 상태에서 내면에 집중하는 훈련을 거듭하면 몸속에 쌓인 스트레스나 잡념들을 깨끗하게 비울 수 있다. 명상을 통해서 마음의 본질을 제대로 들여다볼 수 있으면 자신과의 싸움에서 이길 수 있다. 즉, 명(明)을 얻어야 강(强)해질 수 있는 것이다.

이런 이유로 구글이나 애플과 같은 실리콘밸리의 혁신기업들이 앞다퉈 명상프로그램을 도입하고 있다. '너의 내면을 검색하라(Search Inside Yourself)'는 이름의 구글 사내 명상 프로그램은 〈뉴욕타임스(New York Times)〉에도 소개될 정도로 유명하다. 차드 멩 탄이 쓴 동명의 책《너의 내면을 검색하라》에도 소개되어 있듯이 구글은 명상 프로그램에 참여한 직원들의 감성지능(EQ)이 높아지고 자신감과 업무 능력, 리더십이 향상되었다는 조사결과가 나오자 명상 프로그램을 확대 실시하고 있다.

2020 더난출판 도서목록

바닥에서부터 혼자 힘으로 성공한
진짜 부자들에게 배우는 돈에 대한 철학

"아무것도 없던 그들은 어떻게 성공했을까"

명동 부자들

고미숙 지음 | 값 15,000원

가진 것 없이 시작해 부자의 꿈을 이뤄낸 평범한 사람들의 극적인 인생 스토리와 성
공 법칙을 담은 책. 유명 은행의 VIP 팀장 고미숙 자산관리사는 명동 부자들만의 부
의 공식을 전한다. 저자는 인터뷰를 통해 100억 원대 의류도매업자부터 1000억 원
대 자산운용가까지, 그들이 부자가 된 과정을 유형별로 분류하고, 명동과 부자들의
어제와 오늘을 사례별로 소개한다.

더난출판 www.thenanbiz.com 전화 02) 325-2525 페이스북 Thebookdigital

딱 1년만, 나만 생각할게요

마리안 파워 지음 | 김재경 옮김 | 15,800원

"자기계발서가 정말 인생을 바꿀 수 있을까?"

자기계발서의 조언에 따라 1년간 살아본 한 기자의 좌충우돌 체험담. 드라마 속 캐리처럼 『시크릿』을 읽고, 영화 속 브리짓처럼 『성공하는 사람들의 7가지 습관』을 실천하며 벌어지는 일들을 유쾌하게 풀어낸 이 책은 세상살이에 지친 사람들에게 용기와 위로의 메시지를 준다.

★전국 서점 에세이 베스트셀러

희망이 삶이 될 때

데이비드 파젠바움 지음 | 박종성 옮김 | 15,000원

"죽음과 가까워질수록 소중한 것들이 선명해진다"

스물다섯의 나이에 희귀병인 캐슬만병 선고를 받은 젊은 의사가 쓴 자전적 에세이. 병명을 알아내는 데만 해도 4주가 넘게 걸린, 의사도 모르는 희귀병에 걸린 청년 의사 데이비드 파젠바움은 하루아침에 환자가 되어버린다. 그러나 절망적인 상황에서도 포기하지 않고 스스로 병의 치료법을 찾아 나서기로 결심한다.

지름길을 두고 돌아서 걸었다

박대영 지음 | 15,000원

"마흔, 수천 갈래의 길이 시작되는 곳"
국내 도보 여행의 명소 24곳에서 찾은 삶의 이정표

우리나라의 사계절을 담은 50여 장의 사진과 길 위에서 느낀 따스한 감상을 담은 책. 27년 차 방송기자인 저자는 마흔 이후의 삶에서 느끼는 인생의 낭만과 행복을 도보 여행이라는 테마를 통해 자유롭게 풀어내고 있다. 마흔, 어찌 보면 숫자에 불과하지만 지나온 생을 돌이켜보고 새로운 출발을 다짐하는 분기점이 되는 나이다.

실행이 답이다

이민규 지음 | 15,000원

생각을 성과로 이끄는 실천 지렛대 20

국내도서 실행력 부문 최고의 베스트셀러 《실행이 답이다》 스페셜 리커버 에디션. 대한민국 100만 독자들의 마음을 사로잡은 《끌리는 사람은 1%가 다르다》의 저자인 이민규 교수가 생각을 성과로 이끄는 성공 원동력을 소개한다. 수많은 상담자들의 사례를 중심으로 그동안 사람들이 실천하지 못하는 원인이 무엇인지 분석하고, 성과를 만들게 하는 '실천 지렛대'를 제시한다.

리더 반성문

정영학 지음 | 값 15,000원

삼성, 현대, CJ, LS … 대기업이 열광한 화제의 강의

IGM 세계경영연구원 정영학 교수가 빠르게 변화하는 시대에 리더의 역할이 어떻게 바뀌어야 하는지에 대한 혜안과 통찰을 전한다. 25년간 경영 현장을 누빈 경험을 살려 균형 잡힌 시각으로 리더들의 고민과 문제점을 정리하고 실용적 해결책을 제시한다. 아울러 어떻게 하면 빠르고 정확하게 움직이는 조직을 만들 수 있는지 현실적인 조언을 아끼지 않는다.

작은 습관 연습

데이먼 자하리아데스 지음 | 고영훈 옮김 | 13,000원

미국 최고의 생산성 전문가가 알려주는 평생 습관 만드는 법

가장 쉽고 빠르게 좋은 습관을 만들도록 도와주는 책. 이 책은 인생의 변화를 꿈꾸는 이들을 위해 습관을 만드는 10가지 기술을 알려준다. 새로운 습관이 강한 의지력이나 철저하고 거창한 계획으로는 좀처럼 만들어지지 않는 이유는 뭘까. 아주 작은 일을 반복하는 것이 어떻게 습관이 되는지, 우리가 몰랐던 습관의 원리와 새로운 습관을 만드는 구체적인 실천 방안을 알려준다.

김쁘마미 악마의 전신 운동

김쁘마미 김이경 지음 | 김태욱 감수 | 15,500원

SNS 홈트천왕 김쁘마미의 궁극의 다이어트 비법

튀어나온 뱃살, 축 처진 엉덩이, 늘어난 팔뚝 살로 한숨 짓는 언니들, 엄마들을 위한 일대일 밀착 가이드. 출산 후 20킬로그램을 감량한 홈트 노하우를 공개해 화제가 된 저자가 상세한 동작 설명과 운동 효과를 올려주는 시크릿 포인트를 짚어준다.

그래도 집밥이 먹고플 때

젠엔콩 이계정 지음 | 14,000원

매일이 아니어도 요리에 서툴러도 괜찮은 한 끼

모두가 공감할 수 있는 에세이와 실용적인 레시피를 함께 담아 집밥이 먹고 싶은 그 순간 부담 없이 만들어 먹는 '가끔 집밥족'의 세상으로 독자를 초대하는 책. 누적 조회수 1천600만 뷰 파워 블로거 젠엔콩의 집밥 레시피와 요리 초보들이 꼭 알아야 할 다양한 정보를 아낌없이 담았다.

원목 가구 제작 레시피 32

마루바야시 사와코 · 이시카와 사토시 지음 | 김윤경 옮김 | 15,000원

취향을 담은 집짓기와 가구 이야기

오픈 선반부터 작은 창고까지 상세한 과정 컷과 도안으로 보여주는 서른두 가지 원목 가구 아이템을 담은 책. 원목 가구는 시간이 흐를수록 손때가 묻어 자연스러움을 더하는 매력이 있다. 하지만 가격이 비싸서 구입하기엔 부담이 되는 것도 사실이다. 이 책은 그런 아쉬움을 날려버릴 수 있도록 부부가 직접 디자인한 서른두 가지 유니크한 가구 만드는 법을 담았다.

34장

모두와 미래에 이롭다면
기꺼이 도전하라

萬物歸焉(만물귀언) 而不爲主(이불위주)

大道氾兮(대도범혜): 큰 도가 넘치니

其可左右(기가좌우): 좌우 어느 쪽이든

萬物恃之而生而不辭(만물시지이생이불사): 만물이 생을 의지해도
사양하지 않고

功成不名有(공성불명유): 일을 이루고도 이름을 드러내지 않는다.

衣養萬物而不爲主(의양만물이불위주): 만물을 입히고 먹이지만 주인
노릇을 하지 않는다.

常無欲(상무욕): 언제나 욕심이 없으니

可名於小(가명어소): 이름하여 작음이라 한다.

萬物歸焉(만물귀언): 만물이 귀의해도

而不爲主(이불위주): 주인 노릇을 하려 하지 않으니

可名爲大(가명위대): 이름하여 큼이라 한다.

> 以其終不自爲大(이기종부자위대): 일을 끝내고도 스스로를 크다고
> 여기지 않으니
> 故能成其大(고능성기대): 능히 큰일을 이룰 수 있다.

도는 넓고 크고 깊다. 인간의 잣대로는 도저히 측량할 수 없을 정도로 광활하다. 좌우 어느 쪽에서 보아도 그 크기와 넓이, 깊이는 변함없다. 도는 만물을 껴안고도 남을 정도로 그 품이 넉넉하다. 내가 낳고 길렀지만 '내 자식', '내 소유'라고 말하지 않는다. 이름을 드러내는 일도 없고 공로를 인정받으려고 애쓰지도 않는다. 아무런 욕심이 없다. 티끌만 한 크기의 욕심도 찾아볼 수 없다. 그래서 도는 지극히 작다. 그러나 마음속에 옹졸함이나 욕심이 없기 때문에 그 어떤 것도 배척하지 않고 다 수용한다. 모든 것을 받아들인다. 그래서 가장 크고 가장 위대하다.

4차 산업혁명을 완결 지을 혁신기술은 양자역학이다. 구글과 나사가 공동으로 개발하고 있는 양자컴퓨터가 상용화되면 산업혁명은 4차에서 5차로 또 다시 차수를 변경할 가능성이 높다.

원자가 에너지를 가지고 자유롭게 움직이는 상태가 양자다. 예를 들어 미국의 실리콘밸리 구글캠퍼스에 존재하는 양자는 똑같은 시간에 중국의 실리콘밸리 화웨이월드에도 존재한다. 서로 다른 존재로서가 아니라 동일한 양자 그대로 중첩적으로 존재한다. 물리 법칙에서 볼 때 한 치의 오차도 없이 정확하게 양쪽에서 동일하게 동시적으로 존재한다. 양자의 존재 양식은 우주 만물이 존재하는 가장 정밀한 물리법

칙이다. 양자의 이러한 특성은 이중슬릿 실험(실험 대상의 파동성과 입자성을 구분하는 실험으로, 실험 대상을 이중슬릿 실험장치에 통과시켜 결괏값으로 파동인지 입자인지 구분한다), 하이젠베르크의 불확정성 원리(전자의 위치와 운동량을 동시에 오차 없이 알 수 없다는 이론), 닐스 보어의 양자도약(전자가 특정한 양의 에너지를 받으면 순식간에 다음 궤도로 이동한다는 이론)과 같은 이론들로서 완벽하게 증명되었다. 양자역학을 배제한 채 뉴턴의 물리법칙, 아인슈타인의 상대성이론만으로는 우주의 작동체계를 정확하게 설명할 수 없다.

양자는 가장 작지만 가장 크다. 세상에서 아무리 큰 크기의 정보도, 아무리 빠른 속도의 데이터도 모두 양자의 품속에 들어간다. 그렇다고 양자는 자신을 내세우지 않는다. 내세우는 순간 양자는 양자가 아니게 된다. 양자에 인간의 눈, 인간의 마음, 인간의 욕망을 개입시키면 양자 현상은 사라진다. 관찰자의 시각이 더해질 때 양자는 단순한 물리의 세계로 돌아온다. 자연에 무언가를 덧대는 순간 도가 아니듯이 말이다. 그러므로 양자는 도(道)다. 실리콘밸리에서 양자 세계를 먼저 정복하는 기업이 향후 세상을 지배할 가능성이 높다. 현재까지는 구글이 이 싸움에서 가장 앞서고 있다.

35장

트렌드는 변해도 본질은 영원하다

執大象(집대상) 天下往(천하왕)

執大象(집대상): 큰 것을 잡으면

天下往(천하왕): 천하가 온다.

往而不害(왕이불해): 와도 해치지 않으니

安平太(안평태): 안락하고 평화롭고 태평스럽다.

樂與餌(락여이): 음악이나 맛난 음식으로

過客止(과객지): 지나는 사람의 발길을 잠깐 머물게 할 수는 있다.

道之出口(도지출구): 도에 대한 말은

淡乎其無味(담호기무미): 담담해서 아무 맛도 없다.

視之不足見(시지부족견): 보아도 보이지 않고

聽之不足聞(청지부족문): 들어도 들리지 않지만

用之不足旣(용지부족기): 아무리 써도 다함이 없다.

큰 것(大象)은 도의 다른 이름이다. 큰 것을 잡는다는 것은 도를 삶의 원리, 정치의 원리로 삼는다는 말이다. 도를 실천하면 만물의 질서가 저절로 잡히고 세상이 평화스러워지니 천하 만민이 모두 그곳으로 모여든다. 도가 아니면 그 일을 할 수 없다. 귀를 즐겁게 하거나 맛있는 음식은 잠시 사람의 마음을 사로잡을 수는 있지만 도처럼 항구적인 만족감과 평화, 안락함을 줄 수는 없다. 일시적인 쾌락을 줄 뿐 시간이 지나면 사람의 마음은 또 다시 공허해지고, 영혼은 또 다시 허기진다. 듣기 좋은 음악이나 맛있는 음식에 삶의 본질이 있지 않기 때문이다. 도는 아무런 맛이 없다. 볼 수도, 들을 수도 없다. 그러나 도는 궁극적으로 그 어떤 것보다 맛있고 아름답고 보기 좋다. 아무리 써도 닳는 법도 없다. 통장에 있는 돈을 많이 쓰면 잔고가 비게 되지만 도는 아무리 써도 비지 않는다. 늘 충만하고, 늘 풍족하다.

4차 산업혁명은 플랫폼 전쟁이다. 구글과 아마존, 애플, 페이스북은 혁신기술의 플랫폼을 잡았다. 그들이 잡은 플랫폼은 눈으로 볼 수 없지만 무엇보다 크다. 세상의 만물과 만인들이 거기로 몰려든다. 그곳에서 사람들은 안락한 삶의 즐거움을 맛본다. 그것은 아무리 써도 닳지 않는다. 오히려 더 깊어지고 더 풍부해진다. 소비자가 늘어날수록 기술은 더 발전하고, 생산은 더 늘어난다. 혁신의 도에서 멀어진 기술은 잠깐 유행을 탈 수 있지만 오래가지 않는다. 듣기 좋은 음악과 맛있는 음식처럼 사람을 유혹할 수는 있지만 그들의 마음과 영혼을 송두리째 휘어잡을 수는 없다. 잠깐 반짝하다가 금세 소비자들의 외면을 받고 시장에서 퇴출된다.

소니의 워크맨이 그러했다. 소니는 한때 일본에서 가장 잘나가는 기업이었다. 세계적으로도 잘나갔다. 소니가 내놓은 워크맨과 VTR, 캠코더 등은 폭발적인 인기를 누렸으며 글로벌 시장을 휩쓸었다. 특히 워크맨은 지금의 스마트폰처럼 젊은이들의 필수품이었다. 80년대까지만 해도 종로나 명동에는 귀에 헤드폰을 끼고 소니의 워크맨에서 흘러나오는 음악을 들으면서 거리를 활보하는 젊은이들로 넘쳐났다. 하지만 워크맨의 기술적 진화는 더 이상 이루어지지 않았다. 경영진은 소니의 명성만 믿고 혁신에 신경 쓰지 않았다. 그러다가 애플의 아이팟이 등장하면서 워크맨은 자취를 감췄다.

36장

부드러운 리더십으로
이기지 못할 것이 없다

柔弱勝剛强(유약승강강)

將欲歙之(장욕흡지): 위축시키려면

必固張之(필고장지): 먼저 성하게 하고

將欲弱之(장욕약지): 약하게 하려면

必固强之(필고강지): 먼저 강하게 해야 한다.

將欲廢之(장욕폐지): 없애려면

必固興之(필고흥지): 먼저 흥하게 하고

將欲奪之(장욕탈지): 빼앗으려면

必固與之(필고여지): 먼저 줘야 한다.

是謂微明(시위미명): 이것을 일러 미명이라고 한다.

柔弱勝剛强(유약승강강): 부드럽고 약한 것이 굳세고 강한 것을

이긴다.

魚不可脫於淵(어불가탈어연): 물고기가 연못을 탈출하면 안 되듯이

國之利器(국지리기): 나라를 다스리는 데 이로운 것들은

不可以示人(불가이시인): 사람들에게 내보이지 말아야 한다.

야구 방망이나 골프채를 휘두르기 전 준비 자세를 취할 때 가장 많이 듣는 말은 "힘을 빼라"라는 말이다. 날아오는 야구공을 맞히거나 정지해 있는 골프공을 가격하는 순간 힘을 제대로 전달하기 위해서는 먼저 힘을 빼고 있어야 한다. 힘을 잔뜩 준 상태에서는 타격하는 순간의 운동에너지를 극대화시킬 수 없다. 발로 축구공을 찰 때도 같은 원리가 적용된다. 몸에 긴장감을 풀고 다리를 유연하게 한 상태에서 공을 차야 순간적으로 강한 힘을 전달할 수 있다. 정확하게 물체를 맞히는 순간, 힘이 최대로 전달되는 순간, 그때 스포츠의 도(道)가 완성된다.

이런 원리는 비단 스포츠에만 적용되는 것이 아니라 삶의 전반에 두루 적용된다. 약하게 하려면 먼저 강하게 하고, 빼앗으려면 먼저 줘야 한다. 부드러운 모래를 뭉쳐서 단단한 바위를 만들 수는 있지만 단단한 돌멩이로는 바위를 만들 수 없다. 그러려면 돌멩이를 먼저 부드러운 가루로 만들어야 한다. 마찬가지로 가진 것이 없는 사람에게서는 아무것도 빼앗을 수가 없다. 빼앗으려면 먼저 줘야 한다. 이런 과정에 존재하는 것이 도다.

도는 매우 미세해서 사람의 육안으로는 볼 수 없다. 부단한 명상을 통해 정신의 통찰력을 키울 때 비로소 깨우칠 수 있다. 각고의 노력을 통해 스포츠의 도에 이를 수 있듯이 말이다. 그래서 미세한 깨달음, 즉 미명(微明)이라고 했다. 야구선수들마저 "야구란 참 어렵다. 알 듯 알

듯 하면서도 잘 모르겠다"라고 말한다. 잡힐 듯 잡히지 않는 것, 보일 듯 보이지 않는 것, 알 듯 하면서 잘 모르겠는 것, 그것이 미명이다. 류현진 정도라면 야구에서 그러한 미명을 한 번쯤 체험하지 않았을까?

나라를 다스리는 데 이로운 것들은 드러내는 순간부터 그 효력이 떨어진다. 그래서 보이지 말라고 했다. 부동산을 잡기 위해 고강도 정책을 남발하는 것이 대표적인 사례다. 이런 정책 수단들을 너무 자주 쓰면 약발만 떨어진다. 칼은 감추고 있을 때 무서운 법이다. 북한이 자주 ICBM을 쏘아대는 것도 자기 패를 너무 까는 것이다. 협상력을 키우기보다 약화시킬 가능성이 높다. 다이아몬드를 남들 보라고 치렁치렁 매달고 다니는 사람, 통장에 있는 돈을 자랑삼아 흔들어 보이는 사람도 도의 입장에서 볼 때 매력이 없다. 매력이란 감추고 있을 때 더 매력적인 법이다.

수전 워치츠키는 하버드대학교에서 문화와 역사를 전공한 매력적인 여성이었다. 그녀는 1998년 첫 아이 출산을 앞두고 스탠퍼드대학교 인근에 새집을 장만했는데 대출 이자가 만만치 않았다. 그래서 창고를 세놓았다. 이 창고를 임대한 사람들이 바로 구글의 창업자 래리 페이지와 세르게이 브린이었다. 수전 워치츠키는 구글의 천재들이 일하는 모습을 조용히 지켜봤다. 그러면서 투자라 생각하고 매달 1,700달러의 임대료를 받지 않았다. 구글 창업 후 그녀는 구글의 정식 직원으로 입사한다.

입사 후 수전 워치츠키는 자신의 매력을 떠벌리지 않았다. 품 넓게 직원들과 소통하면서 소리 없이 자신의 영역을 넓혀나갔다. 사람들은 그녀를 '구글의 엄마'라고 부르면서 따랐다. 구글은 정보를 체계적으로 검색해서 누구나 유용하게 이용할 수 있다는 장점을 가지고 있었다. 하지만 SNS에서는 특별한 강점을 발휘하지 못했다. 페이스북에 맞서기 위해 자체적인 SNS 플랫폼을 개발했지만 참담한 실패를 맛봤다. 대안으로 제시된 것이 유튜브를 인수하는 것이었지만 래리 페이지와 세르게이 브린은 자존심 때문에 유튜브 인수를 망설였다. 이때 그들을 조용히 설득한 사람이 수전 워치츠키였다. 수전 워치츠키는 자신의 매력을 감추는 엄마의 리더십으로 유튜브 신화를 창조했다.

사욕을 덜어내면
모두가 뜻하는 바를 이룬다

夫亦將無欲(부역장무욕) **天下將自定**(천하장자정)

道常無爲而無不爲(도상무위이무불위): 도는 언제나 무위하지만 못하는 것이 없다.

侯王若能守之(후왕약능수지): 제후나 임금이 능히 이를 지키면

萬物將自化(만물장자화): 만물이 장차 저절로 이루어진다.

化而欲作(화이욕작): 인위적으로 뭘 도모하려는 욕심이 생기면

吾將鎭之以無名之樸(오장진지이무명지박): 나는 이름 없는 통나무로 이를 진압한다.

無名之樸(무명지박): 이름 없는 통나무로

夫亦將無欲(부역장무욕): 욕심을 없애니

不欲以靜(불욕이정): 욕심이 없으면 고요하게 되고

天下將自定(천하장자정): 천하는 저절로 제자리를 잡는다.

37장은 《도덕경》 전반부의 마지막 장이다. 여기서 노자는 도의 특성과 운행 원리를 다시 한 번 압축해서 보여준다. 도란 기본적으로 무위(無爲)다. 인위적으로 뭔가를 도모하지 않는다. 도는 외부의 어떤 도움도 받지 않고 저절로 존재하고, 저절로 드러나고, 저절로 순환한다. 도에는 어떤 욕망도 개입되어 있지 않다. 욕망이란 그 자체로 유위(有爲)한 것이다. 인위가 배제되었다는 점에서 도는 자연과 같은 개념으로 볼 수 있다. 자연은 누가 지시하거나 명령해서, 원해서, 욕망해서 존재하는 것이 아니다. 아무런 간섭도, 통제도, 관리도 받지 않고 스스로 존재한다.

도는 아무것도 하는 것이 없지만 하지 못하는 것이 없다. 자연 현상인 하늘의 구름을 보라. 그것을 압축시키거나 수축시키는 장치는 그 어디에도 없지만 구름은 못 하는 것이 없다. 저절로 뭉쳐지고, 저절로 비가 되어 내린다. 그리고 만물을 적시고, 만물을 키운다. 인위적으로 구름을 더 짙게 하는 행위는 어리석은 짓이다. 자연의 노여움만 초래할 뿐이다. 핵무기가 폭발한 이후 형성되는 짙은 구름이 인간에게 재앙을 불러오듯이 말이다. 그렇게 인간이 욕심을 부리면 자연은 질박한 통나무를 무기로 써서 그 욕망을 억제시킨다. 질박한 통나무란 도의 원리, 자연의 순리를 말하는 것이다.

루이스 거스트너는 죽어가던 공룡 기업 IBM을 부활시킨 인물이다. 루이스 거스트너가 아메리칸 익스프레스 CEO로 근무할 때 회사에 신규 컴퓨터 수요가 발생해 새로 들여놨는데 기존에 설치했던 IBM 제품이 아니라 암달(Amdhal)이라는 회사의 제품이었다. 그러자 IBM이 아메리칸 익스프레스의 데이터 처리 센터에 대한 모든 지원을 거두겠다며 보복을 가했다. 놀란 루이스 거스트너는 IBM 사장실에 전화했지만, 비서는 메모만 전달한 채 전화를 연결해주지 않았다. 이때 루이스 거스트너는 IBM을 '겉멋만 든 차가운 우두머리가 지배하는 회사'로 낙인찍었다. 그 후 IBM은 애플과 마이크로소프트, 인텔 등에 밀려 생존 자체가 의문시되는 기업으로 전락했다.

그러던 1993년 루이스 거스트너가 IBM의 CEO로 취임하게 됐다. 루이스 거스트너는 IT 전문가가 아니었다. 그가 취임할 당시 주변에서는 우려의 목소리가 많았다. 하지만 루이스 거스트너는 아메리칸 익스프레스 CEO 시절 고객으로서 자신이 경험했던 IBM의 문제점을 생생하게 기억하면서 적극적인 체질 개선에 나섰다. 루이스 거스트너는 직원들이 상부의 명령을 기다리지 않고 자기 책임하에 고객들에게 종합 서비스를 제공할 수 있는 권한을 갖는 것이 급선무라고 생각했다. 루이스 거스트너는 취임 일성으로 직원들에게 이렇게 말했다.

"여러분은 빅 블루(IBM의 애칭)의 회생 방안에 대해 잘 알고 있습니다. 그걸 나에게 말해주십시오."

루이스 거스트너는 IBM을 회생시키기 위해 아무것도 하지 않았다. 다만 직원들의 건의를 묵묵히 경청했고, 그들이 프로젝트를 효율적으로 추진할 수 있도록 권한을 전폭적으로 위임했다. 그 후 IBM은 하드웨어 회사에서 소프트웨어 회사로 탈바꿈했고 화려하게 부활했다. IBM을 회생시킨 것은 루이스 거스트너의 무위의 리더십이었다.

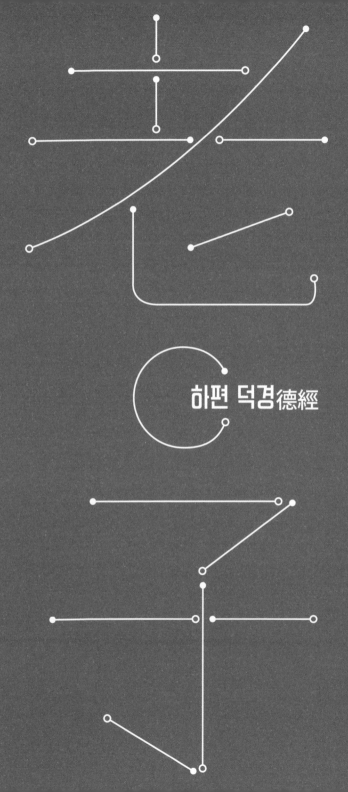

하편 덕경德經

38장

과감하게 선택하고
과감하게 버려라

下德不失德(하덕불실덕) 是以無德(시이무덕)

上德不德(상덕부덕): 상덕은 덕을 내세우려 하지 않는다.

是以有德(시이유덕): 그러므로 덕이 있다.

下德不失德(하덕불실덕): 하덕은 덕을 잃지 않으려 한다.

是以無德(시이무덕): 그러므로 덕이 없다.

上德無爲而無以爲(상덕무위이무이위): 상덕은 무위하니 무로써
도모하고

下德爲之而有以爲(하덕위지이유이위): 하덕은 유위하니 유로써
도모한다.

上仁爲之而有以爲(상인위지이유이위): 상인은 유위하니 유로써
도모하고

上義爲之而有以爲(상의위지이유이위): 상의도 유위하니 유로써
도모한다.

上禮爲之而莫之應(상례위지이막지응): 상례는 유위하니 자연스럽게 대하지 아니하고

則攘臂而扔之(즉양비이잉지): 소매를 걷고 끌어당긴다.

故失道而後德(고실도이후덕): 도를 잃은 후 덕이 나타나고

失德而後仁(실덕이후인): 덕을 잃은 후 인이 나타나고

失仁而後義(실인이후의): 인을 잃은 후 의가 나타나고

失義而後禮(실의이후례): 의를 잃은 후 예가 나타난다.

夫禮者(부례자): 예는

忠信之薄(충신지박): 충성과 신의의 얄팍한 껍질이며

而亂之首(이란지수): 혼란의 우두머리다.

前識者(전식자): 사물을 미리 식별하는 것은

道之華(도지화): 도의 화려함이며

而愚之始(이우지시): 어리석음의 시작이다.

是以大丈夫處其厚(시이대장부처기후): 그러므로 대장부는 두터움에 머물고

不居其薄(불거기박): 얄팍한 데 거하지 않는다.

處其實(처기실): 내실을 중히 여기고

不居其華(불거기화): 화려함에 거하지 않는다.

故去彼取此(고거피취차): 저것을 버리고 이것을 취한다.

《도덕경》후반부의 시작인 38장은 덕에 대한 총론이다. 1장부터 37장까지 도를 중점적으로 다룬 노자는 38장부터는 덕을 중점적으로 다룬

다. 덕이란 도가 현실에서 자신의 모습을 드러내는 윤리적 양태라고 할 수 있다. 따라서 무위라는 도의 핵심 원리가 덕에도 그대로 적용된다. 무위한 덕은 상덕이고 유위한 덕은 하덕이다. 도가 인위적으로 자신을 드러내려고 하지 않듯이 상덕도 그러한 욕망을 품지 않는다. 그래서 '내로라'하는 사람은 덕이 없다.

유교에서 강조하는 인, 의, 예도 하덕에 속한다. 이들 모두 유위한 도덕률이기 때문이다. 사람의 소매를 끌어당기면서 예를 차리려는 사람은 상대에게 심리적 부담을 준다. 따라서 그것은 상덕의 범주에 들 수 없다. '당신을 위해 목숨을 바치겠다'고 하는 것도 노자가 볼 때는 상덕이 아니다. 하나뿐인 목숨인데 그것을 바치겠다고 나서는 것은 진실되지 못하고 자연스럽지 못하기 때문이다.

도가 자연스럽게 행해지면 굳이 그것을 대신할 윤리적 기준이 없어도 된다. 도가 없으므로 그를 대신할 모사(模寫)로서 덕이 나타나게 된 것이다. 덕은 플라톤이 말하는 이데아가 현실 세계에서 철인에 의해 적용되고, 실행되는 이데아의 모조품이다.

문장에서 순차적으로 배열된 인, 의, 예도 같은 구조로 설명된다. 인은 덕의 모사고, 의는 인의 모사고, 예는 의는 모사다. 덕이 온전하면 인이 나타날 필요가 없고, 인이 온전하면 의가 나타날 필요가 없고, 의가 온전하면 예가 나타날 필요가 없다. 계란 껍질을 뚫고 나오는 병아리처럼 충과 신은 예라는 껍질을 뚫고 나온다. 예에서 충과 신이 탄생하면 세상은 충과 불충, 신과 불신으로 나뉘게 되고, 그때부터 사회는 혼란스러워진다. 그래서 예를 충과 신의 얄팍한 껍질이고 혼란의 우두머리라고 했다.

인, 의, 예는 대립적 사고에 기초한 도덕률이다. 이러한 도덕률은 수학 공식을 적용하듯이 세상을 딱딱 구분 지어 식별할 수 있는 장점이 있다. 하지만 이는 사람과 사물의 겉모양만 보고 미리 예단함으로써 존재의 본질에 대한 통합적 인식을 방해하는 편견으로 작용할 수도 있다. 전식자(前識者)는 그런 의미로 쓰였다. 나무에서 꽃이 먼저 피고 열매가 나중에 맺힌다. 꽃은 사물의 겉모습이고 열매는 사물의 속이다. 꽃은 화려하지만 금세 시들어버리고, 열매는 투박해 보이지만 알차다. 사물의 본질과 존재의 두터움은 나중에 맺는 열매에 있으며, 미리 피는 꽃은 그러한 본질 인식을 방해하는 전식자에 지나지 않는다. 그래서 전식자는 도의 화려함이고 어리석음의 시작이라고 했으며, 대장부(성인)는 꽃의 화려함(겉모습)을 버리고 열매의 두터움(내실)을 취한다고 했다.

창업자에 이어 삼성을 글로벌 기업으로 도약시킨 사람은 이건희였다. 이건희는 《도덕경》에 나오는 '거피취차(去彼取此)'의 전략을 썼는데, 그것이 제대로 먹혔다. 1993년 취임 6년째를 맞은 이건희 회장은 그룹의 핵심 경영진을 독일 프랑크푸르트의 켐핀스키 호텔로 모이게 했다. 영문을 모른 채 서울 등 세계 곳곳에서 비행기를 타고 날아온 경영진들 앞에서 이 회장은 그룹 경영의 문제점을 신랄하게 지적하면서 '나부터의 변화'를 역설했다. 이것이 이른 바 '프랑크푸르트 선언'이다. 이건희는 이렇게 말했다.

"제도나 관행에 구애받지 마라. 회장의 눈치도 보지 말고, 소신껏

하라. 회장인 나부터 바뀌겠다. 마누라, 자식 빼고 다 바꿔라. 변화하지 않으면 생존을 보장받을 수 없고, 환골탈태하면 새로운 지평을 열 수 있다."

프랑크푸르트 선언 이후 삼성은 핵심 사업에 집중했다. 미래의 먹거리를 창조할 수 있는 사업을 집중적으로 육성하되, 그렇지 않은 나머지 사업들은 과감하게 버렸다. 비본질적인 사업에서는 손을 떼고 본질적인 사업에만 치중한 것이다. 이러한 거피취차 전략이 오늘날의 삼성을 만들었다.

39장

혁신은 가장 작고 하찮게 시작된다

珞珞如石(락락여석)

昔之得一者(석지득일자): 예부터 하나를 얻은 것들이 있다.

天得一以淸(천득일이청): 하늘은 하나를 얻어 맑아지고

地得一以寧(지득일이녕): 땅은 하나를 얻어 편안해지고

神得一以靈(신득일이령): 신은 하나를 얻어 영험해지고

谷得一以盈(곡득일이영): 골짜기는 하나를 얻어 가득 차게 되고

萬物得一以生(만물득일이생): 만물은 하나를 얻어 생장하게 되고

侯王得一以爲天下貞(후왕득일이위천하정): 제후와 왕은 하나를 얻어

천하를 바르게 하니

其致之(기치지): 이 모두가 하나로 인해 가능해진 것이다.

天無以淸(천무이청): 하늘은 그것을 맑게 하는 것이 없으면

將恐裂(장공렬): 장차 무섭게 갈라지고

地無以寧(지무이녕): 땅은 그것을 편안하게 하는 것이 없으면

將恐發(장공발): 장차 무섭게 흔들리고

神無以靈(신무이령): 신은 그것을 영험하게 하는 것이 없으면

將恐歇(장공헐): 장차 무섭게 막히고

谷無以盈(곡무이영): 골짜기는 그것을 가득 차게 하는 것이 없으면

將恐竭(장공갈): 장차 무섭게 고갈되고

萬物無以生(만물무이생): 만물은 그것을 생장시키는 것이 없으면

將恐滅(장공멸): 장차 무섭게 소멸하고

侯王無以貴高(후왕무이귀고): 제후와 왕은 그들을 귀하게 높이는 것이 없으면

將恐蹶(장공궐): 장차 무섭게 거꾸러질 것이다.

故貴以賤爲本(고귀이천위본): 그러므로 귀한 것은 천한 것을 근본으로 삼고

高以下爲基(고이하위기): 높은 것은 낮은 것을 토대로 삼는다.

是以後王自謂孤寡不穀(시이후왕자위고과불곡): 이런 까닭으로 제후나 왕은 스스로를 고아, 과부, 쭉정이 곡식이라고 부른다.

此非以賤爲本邪非乎(차비이천위본사비호): 이것이 바로 천한 것을 근본으로 삼는 것 아니겠는가?

故致數輿無輿(고치수예무예): 지극한 명예에는 명예가 없다.

不欲琭琭如玉(불욕록록여옥): 덕 있는 사람은 귀한 옥처럼 처신하지 않고

珞珞如石(락락여석): 아무 데나 굴러다니는 천한 돌처럼 처신한다.

덕은 도가 현실 세계에 구현된 윤리적 양태다. 즉 도의 얼굴이 덕이라고 할 수 있다. 하나(一)를 얻는다는 것은 스스로 존재하는 도가 자신을 드러내는 원리, 규칙, 방법을 일컫는다. 도가 현실 세계에서 덕으로 구현되면 천하는 맑아지고, 땅은 편안해지고, 신은 영험함을 얻고, 계곡은 가득 차고, 만물은 생장하고, 통치자는 이로써 세상을 바로잡는다.

하나(一)는 숫자 가운데 가장 단순하고 작은 숫자다. 양적으로 보면 가장 적고 보잘 것 없다. 하지만 모든 숫자의 시작이고, 근본이다. 하나가 없으면 수학이라는 복잡한 학문 체계가 성립되지 않는다. 39장에서 노자는 도와 덕의 원리를 숫자 하나에 빗대 설명하고 있다. 하나는 가장 간단하고 보잘 것 없는 숫자지만 그로부터 오만 가지 숫자가 파생되듯이, 도(道) 또한 가장 단순하고 보잘 것 없는 것에서 시작해서 가장 크고 귀한 덕을 이룬다.

임금이 자신을 부를 때 쓰는 표현인 '고(孤), 과(寡), 불곡(不穀)'이라는 단어는 고아와 과부, 쭉정이 곡식을 의미한다. 임금은 가장 낮고 미천한 존재로 스스로를 격하시킴으로써 가장 높고 귀한 존재가 된다. 가장 낮은 것이 가장 높은 것이고, 가장 천한 것이 가장 귀한 것이다. 덕 있는 사람은 귀한 옥처럼 처신하지 않고 아무 데나 굴러다니는 돌처럼 처신한다. 너무 귀하게 받들면 귀함을 모르게 된다. 그래서 '치수예무예(致數輿無輿)', 지극한 명예에는 명예가 없다고 했다. 예(輿) 자는 '수레 여'로 많이 쓰이지만 여기서는 '명예 예'로 쓰였다. 옛말에도 있지 않은가? 귀한 자식일수록 천하게 키우고, 개 중에서는 똥개가 최고다.

실리콘은 트랜지스터의 소재다. 실리콘은 기존의 과학자들이 수십 년간 관심을 기울여온 연구 대상이었다. 전통적인 금속 도체와는 다른 특질 때문에 과학자들은 실리콘이 전기기기의 앞날을 밝혀줄 특별한 물질이라고 믿었다. 원자 구조적 양면성으로 유리와 같은 절연체의 성질을 띠면서도 동시에 구리와 같은 도체가 될 수 있는, 즉 도체와 절연체의 경계를 넘나드는 특성을 가진 물질만 발견하면 그것을 이용해 전자기기를 완벽하게 통제할 수 있을 것이라고 생각한 것이다. 그 가능성을 실리콘에서 발견했다.

과학자들은 반도체에 다른 불순물을 첨가하고(이를 도핑이라고 한다), 거기에 양극 또는 음극의 전류를 걸어주면 물질 속을 통과하는 전류의 흐름을 바꿀 수 있다는 사실을 이미 알고 있었다. 일순 도체의 성질을 띠다가 바로 절연체의 성질을 발휘하는 것, 그것이 바로 반도체의 신비였다.

실리콘과 함께 게르마늄도 트랜지스터 소재의 후보군이었지만, 실리콘이 게르마늄보다 더 우수한 반도체일 뿐만 아니라 지구상에 훨씬 더 풍부하다는 사실이 밝혀짐으로써 정보화 혁명의 단독 주연이 되었다. 실리콘은 자연 상태에서 독립적으로 존재하지 않지만 다른 물질에 섞인 이산화물 형태로 지각의 90퍼센트를 구성하고 있다. 적당한 불순물을 이용해 실리콘을 제조하는 획기적인 방법이 개발되자마자 실리콘이 주요 반도체로 자리 잡았다. 흔하디흔한 모래에 포함된 실리콘이 지금은 세상 그 무엇과 비교할 수 없는 귀한 물건이 되었다.

40장

무엇이든 담을 수 있는 그릇이 돼라

反者道之動(반자도지동) **弱者道之用**(약자도지용)

反者道之動(반자도지동): 되돌아감이 도의 움직임이다.

弱者道之用(약자도지용): 약함이 도의 쓰임이다.

天下萬物生於有(천하만물생어유): 천하 만물은 유에서 생겨나고

有生於無(유생어무): 유는 무에서 생겨난다.

도는 순환한다. 돌고 돈다. 가면 돌아오고, 만나면 헤어진다. 달이 찼다가 기울고, 추운 겨울이 가면 따뜻한 봄이 오는 자연의 이치도 도를 닮았다. 그래서 도는 곧 자연이다. 도는 세상 그 어느 것보다 크고, 강하고, 정교하고, 아름답다. 하지만 그 시작은 언제나 작고 약한 것, 엉성하고 투박한 것이다. 약하기에 강하게 되고, 작기에 크게 되고, 엉성하기에 정밀하게 되고, 투박하기에 아름답게 된다. 강한 것은 강하게 될 수 없고, 큰 것은 크게 될 수 없고, 정밀한 것은 정밀하게 될 수 없고, 아름

다운 것은 아름답게 될 수 없다.

도는 절대적인 완결성을 의미하므로 상대적으로 더 강한 것, 더 큰 것, 더 정밀한 것, 더 아름다운 것은 있을 수 없다. 그것은 사물을 경계 지어 서로를 비교하고, 구분하고, 분리·배척하기 위한 수단이 될 수는 있지만 그런 과정을 통한다고 해도 궁극의 도를 완성할 수는 없다. 더 큰 것들을 아무리 많이 더해도 가장 큰 것이 될 수 없는 것과 같은 이치다.

모든 사물은 유의 형태를 띠지만 그 유를 만들어내는 것은 무다. 무가 있기에 유가 가능하므로 무는 만물의 어머니고, 근원이고, 시초다. 무의 상태인 텅 빈 골짜기, 빈방, 빈 그릇 등의 비유를 통해 자주 나온 바 있는데《도덕경》후반부에서도 동일한 패턴이 반복되고 있다. 도의 기본 원리를 강조하기 위해서다.

41장

큰 그릇은 늦게 만들어진다

大器晩成(대기만성)

上士聞道(상사문도): 뛰어난 선비가 도에 대해 들으면

勤而行之(근이행지): 힘써 행하려 하고

中士聞道(중사문도): 어중간한 선비가 도에 대해 들으면

若存若亡(약존약망): 이럴까 저럴까 망설이고

下士聞道(하사문도): 못난 선비가 도에 대해 들으면

大笑之(대소지): 크게 웃는다.

不笑不足以爲道(불소부족이위도): 웃음거리가 되지 않으면 도라고 할 수 없다.

故建言有之(고건언유지): 말로 이를 설명하면 다음과 같다.

明道若昧(명도약매): 밝은 도는 어두운 것 같고

進道若退(진도약퇴): 나아가는 도는 물러나는 것 같고

夷道若纇(이도약뢰): 평평한 도는 어그러진 것 같고

上德若谷(상덕약곡): 상덕은 골짜기 같고

大白若辱(대백약욕): 깨끗한 도는 더러운 것 같고

廣德若不足(광덕약부족): 넓은 덕은 부족한 것 같고

建德若偸(건덕약투): 굳건한 덕은 엷은 것 같고

質眞若渝(질진약투): 참된 진리는 변하는 것 같고

大方無隅(대방무우): 큰 곳에는 모퉁이가 없고

大器晩成(대기만성): 큰 그릇은 늦게 만들어지고

大音希聲(대음희성): 큰 소리는 잘 들리지 않고

大象無形(대상무형): 큰 모양에는 형체가 없다.

道隱無名(도은무명): 도는 감춰져 있어 이름이 없다.

夫唯道(부유도): 그러나 도만이

善貸且成(선대차성): 잘 베풀고 잘 이룬다.

도는 상식을 뛰어넘는다. 작은 것을 크다 하고, 약한 것을 강하다 하고, 깨끗한 것을 더럽다 하니 상식으로는 도저히 이해할 수 없다. 그러므로 남들의 비웃음을 산다. 참된 진리를 말한 사람은 다 그랬다. 지구가 돈다고 했던 갈릴레오 갈릴레이는 미친 사람 취급을 받았고, 물을 이용해서 시계를 제작할 수 있다고 했던 장영실은 따돌림을 받았다. 오랜 세월이 흐른 후 지동설이나 자격루는 과학에서의 큰 도가 되었다. 그래서 큰 그릇은 늦게 만들어진다고 했다. 지구는 돌면서 엄청난 소리를 내지만 아무도 그 소리를 듣지 못하고, 세상에서 가장 큰 존재인 우주에는 아무런 형체가 없다. 그래서 '대음희성(大音希聲)', '대상무형

(大象無形)'이다. 도는 들리지 않는 곳, 보이지 않는 곳에 감춰져 있으므로 이름을 붙일 수는 없지만 그로부터 만물이 태어나고 이루어지므로 가장 위대하고 큰 존재다.

구글은 작은 검색창 하나로 시작됐다. 시작은 매우 미약했지만 지금은 세상에 존재하는 그 어떤 물질세계, 그 어떤 정신세계보다 더 커졌다. 하루에도 수십억 개의 정보가 검색되고 그렇게 검색된 정보들이 또 다른 정보를 생산해내고 있다. 구글은 검색창을 통해 사용자들의 말을 듣는다. 검색창은 열린 귀다. 그 귀를 통해 구글은 세상의 모든 소리를 다 듣는다. 작아 보이지만 그 어떤 귀보다 큰 귀다. 사용자들은 그 귀에 대고 자신의 소망을 이야기하기도 하고 고민거리를 상담하기도 한다.

사용자들이 그들의 모든 것을 구글의 검색창에 털어놓는 것은 구글의 알고리즘이 보여주는 결과물들을 신뢰하기 때문이다. 구글은 고객들의 신뢰를 바탕으로 세상을 더 넓고 크게 연결하고 공유한다. 구글이 검색 알고리즘을 처음으로 선보였을 때 사람들은 비웃었다. 어린아이들의 장난 같다고도 했다. 구글이 야후를 뛰어넘는 일은 절대로 없을 것이라고 단언하는 사람도 있었다. 하지만 결과는 정반대로 나타났다. 사람들의 비웃음을 산 구글의 알고리즘은 검색엔진의 도(道)가 되었다.

42장

너무 강한 리더십은
제 수명을 다하지 못한다

强梁者不得其死(강량자부득기사)

道生一(도생일): 도가 하나를 낳고

一生二(일생이): 하나가 둘을 낳고

二生三(이생삼): 둘이 셋을 낳고

三生萬物(삼생만물): 셋이 만물을 낳는다.

萬物負陰而抱陽(만물부음이포양): 만물은 음을 지고 양을 안는다.

沖氣以爲和(충기이위화): 기를 비움으로 조화를 이룬다.

人之所惡(인지소오): 사람들이 싫어하는 것은

唯孤寡不穀(유고과불곡): 고아, 과부, 쭉정이 곡식이지만

而王公以爲稱(이왕공이위칭): 이것은 임금이 스스로를 부르는

이름이다.

故物或損之而益(고물혹손지이익): 그러므로 사물은 덜면 보태고

或益之而損(혹익지이손): 보태면 덜게 된다.

人之所教(인지소교): 사람들이 가르치는 것을

我亦教之(아역교지): 나도 역시 가르친다.

强梁者不得其死(강량자부득기사): 강한 대들보는 제 수명을 다하지 못한다.

吾將以爲教父(오장이위교부): 나도 이것을 내 가르침의 으뜸으로 삼고자 한다.

도의 출발은 하나다. 복잡한 것이 아니라 가장 단순한 것에서 도가 시작된다. 그래서 도가 하나를 낳는다고 했다. 하나는 둘로 분화되는데 여기서의 둘은 음과 양, 시간과 공간, 부와 모, 0과 1 등으로 표현될 수 있다. 그리고 이 두 가지 서로 상반되는 요소가 결합되어 제3의 존재를 탄생시키고, 이로부터 만물이 파생된다.

음과 양은 태극기의 문양에서 보듯이 서로를 등에 지는 동시에 서로를 가슴에 안는다. 이들은 자신에게 속한 에너지를 완전히 비움으로써 조화를 이루고, 이를 통해 그들의 자식(제3의 존재)을 낳는다. 채우는 것이 아니라 비워서 생명의 물질을 탄생시키는 것이다. 자신을 비운다는 것은 가장 보잘 것 없는 존재로 스스로를 낮춘다는 의미다. 그래서 왕은 39장에도 나왔듯이 자신을 가장 보잘 것 없는 존재인 '고과불곡(孤寡不穀)'이라 지칭한다. '손지이익(損之而益)', 즉 덜어낸 후 보탠다는 문장은 비운 후 생명을 탄생시키는 도의 원리와 같은 맥락이다.

지나치게 강한 대들보가 제 수명을 다하지 못하고 중도에 부러지는 것처럼 강력한 법과 물리적 강제력만으로는 사회질서를 온전하게 유지할 수 없다. 밀어붙이기식의 통치는 공동체에 균열을 발생시킨다. 물처럼 유연한 리더십만이 지속가능한 평화를 가능하게 한다.

스티브 잡스가 애플에서 쫓겨났을 때, 그는 겨우 서른 살에 불과했다. 뭘 해도 늦지 않을 젊은 나이였기에 잡스는 처음부터 다시 시작하는 각오로 광야에 첫발을 내디뎠다. 애플을 능가하는 IT기업을 만들겠다는 의지를 불태우며 잡스가 가장 먼저 손을 댄 것은 '넥스트(NeXT)'라는 회사였다. 그러나 의욕처럼 성과가 따라오지는 않았다. 광야에서 잡스를 꽃피우게 한 것은 '픽사(Pixar)'였다. 루카스라는 영화사를 인수해 픽사로 이름을 바꾼 잡스는 디즈니랜드와 손을 잡고 〈토이스토리〉를 제작하여 그야말로 대박을 터뜨렸다. 이를 계기로 픽사는 기업공개를 단행했고, 잡스는 픽사 지분의 80퍼센트를 보유하게 되었다. 현금으로는 12억 달러, 애플 때보다 다섯 배가 넘는 금액이었다.

잡스가 떠난 후 애플은 '데스크톱 출판'(컴퓨터를 이용한 전자 출판) 분야에서의 일시적 우위를 바탕으로 편하게 앉아 고수익을 올렸다. 하지만 더 이상의 혁신은 없었고, 서서히 저물어가는 평범한 기업이 되었다. 그러자 애플은 다시 잡스에게 손을 내밀었고, 1996년 잡스는 애플에 복귀했다. 직원들은 돌아온 천재를 따뜻하게 맞았다. 잡스도 새롭게 변했다. 복귀한 후 첫 일성으로 잡스는 직원들에게 이렇게 말했다.

"앞으로 나를 CLO(Chief Listening Officer, 최고경청자)라 불러라."

과거에는 자신을 꽉 채우고 있어 다른 사람의 말에 귀를 기울이지 않았지만 이제부터는 자신을 비우고 타인의 말을 경청하겠다는 의미였다. 복귀 후 잡스는 이러한 리더십 전환으로 아이팟과 아이폰, 아이패드 등 최고의 혁신 제품들을 잇따라 히트시켰다. 여전히 자신의 색깔을 드러냈지만 또 다시 애플에서 쫓겨나지는 않았다. 너무 강한 잡스는 중도에 한 번 부러졌지만 유연한 리더십으로 돌아온 잡스는 죽음이 그를 데려갈 때까지 끝까지 부러지지 않았다.

43장

지극히 유연함으로 승부하라

天下之至柔(천하지지유) 馳騁天下之至堅(치빙천하지지견)

天下之至柔(천하지지유): 천하의 지극히 부드러운 것이

馳騁天下之至堅(치빙천하지지견): 천하의 지극히 견고한 것을 뚫고

들어간다.

無有入無間(무유입무간): 무는 틈이 없는 곳에도 들어갈 수가 있다.

吾是以知無爲之有益(오시이지무위지유익): 나는 무위의 유익함을

안다.

不言之敎(불언지교): 말 없는 가르침과

無爲之益(무위지익): 무위의 유익함에

天下希及之(천하희급지): 미칠 만한 것이 없다.

'지유치빙지견(至柔馳騁至堅)', 지극히 부드러운 것이 지극히 견고한
것을 뚫고 들어간다. '치빙(馳騁)'은 말을 타고 이리저리 내달리는 것

을 뜻하는데, 여기서는 뚫고 들어간다는 의미로 쓰였다. 지유치빙지견은 36장에 나왔던 '유약승강강(柔弱勝剛强, 부드럽고 약한 것이 강하고 견고한 것을 이긴다)'과 뜻이 같다. 강한 다이아몬드를 뚫고 지나가려면 어떻게 해야 할까? 다이아몬드보다 더 단단하고 견고한 물질이 필요하다고 생각할 수 있다. 하지만 정답이 아니다. 그렇게 하면 둘 다 부서지고 만다. 물과 같은 가장 부드러운 물질이라야 다이아몬드를 뚫고 들어갈 수 있다.

중국 한나라의 명장 이광이 어느 날 산속을 가다가 호랑이를 발견하고 화살을 쏘아 정통으로 맞혔는데 알고 보니 그것은 바위였다. 그런데 바위라는 것을 알고 다시 쏘니 화살이 계속 튕겨 나왔다. 마음속에 바위가 없는 상태, 즉 무의 상태에서는 바위를 뚫을 수 있었지만 바위를 채운 상태, 즉 유의 상태에서는 그것을 뚫을 수 없었던 것이다. 유를 뚫을 수 있는 것은 무밖에 없다.

'불언지교(不言之敎)'의 불언이 뜻하는 것은 '무위지익(無爲之益)'에서 무위가 갖는 의미와 같다. 말하지 않고 가르치는 것은 하지 않고 하는 것과 같다는 것이다. 성철스님과 함께 공양을 하던 수행자가 식사를 마친 후 한 말씀 해달라고 청하자 스님은 이렇게 말했다.

"밥을 다 먹었으면 바리떼(수행자가 쓰던 밥그릇)를 치우거라."

현재의 자신에게 충실하라는 뜻이다. 가르침에 관한 어떤 말도 하지 않았지만 백 마디 말보다 더 묵직한 울림을 주는 가르침이다.

에릭 슈미트는 구글의 공동 창업자 래리 페이지와 세르게이 브린이

2001년 영입한 전문경영인이다. 당시 리눅스 업체인 노벨의 CEO였던 에릭 슈미트는 벤처캐피털 클라이너 퍼킨스의 회장 존 도어의 권유에 못 이겨 CEO 면접 인터뷰에 나서긴 했지만, 구글에 합류할 의사는 없었다. 닷컴버블이 꺼진 데다 신생업체인 구글 역시 적자에서 벗어나지 못하고 있었기 때문이다. 하지만 두 천재를 만나고 난 후 생각이 완전히 바뀌었다. 그들의 튀는 사고와 미래에 대한 놀라운 통찰력에 감탄한 에릭 슈미트는 구글에 합류하여 두 창업자와 함께 구글의 성공 스토리를 써나갔다.

2011년 래리 페이지에게 CEO 자리를 다시 물려줄 때까지 에릭 슈미트는 10년이라는 긴 시간동안 구글을 이끌었다. 구글의 오늘날이 있기까지 에릭 슈미트의 공로는 공동 창업자들에 결코 뒤지지 않는다. 에릭 슈미트가 두 천재의 틈바구니에서 구글을 원만하게 이끌어갈 수 있었던 것은 그의 유연한 리더십 덕분이었다. 에릭 슈미트는 래리 페이지와 세르게이 브린의 천재성을 전폭적으로 신뢰하고 수용했다. 그들이 천재성을 발휘하는 데 있어 어떠한 걸림돌 역할도 하지 않았다. 경영에 대해 공동 창업자들이 자신과 다른 의견을 낼 때도 CEO로서 자신의 지위나 어른으로서의 권위를 내세우지 않고 묵묵히 경청했다. 그리고 시간을 두고 천천히 그들과 대화하고 설득했다. 에릭 슈미트가 자신의 연륜과 경험을 내세워 젊은 창업자들을 힘으로 몰아붙였다면 오늘날의 구글은 존재할 수 없었을 것이다.

44장

만족할 줄 알아야 화를 당하지 않는다

知足不辱(지족불욕)

名與身孰親(명여신숙친): 명성과 몸 중 무엇이 더 중요한가?

身與貨孰多(신여화숙다): 몸과 재산 중 무엇이 더 소중한가?

得與亡孰病(득여망숙병): 얻는 것과 잃는 것 중 어느 쪽이 더 큰

병인가?

是故甚愛必大費(시고심애필대비): 지나치게 좋아하면 크게 낭비하고

多藏必厚亡(다장필후망): 너무 많이 쌓아두면 크게 잃는다.

知足不辱(지족불욕): 만족할 줄 아는 사람은 치욕을 당하지 않고

知止不殆(지지불태): 적당할 때 그칠 줄 아는 사람은 위태로움을

당하지 않으니

可以長久(가이장구): 오래오래 삶을 누리게 된다.

높은 명성을 얻어도 몸이 망가지면 다 소용없다. 그러므로 이름을 얻

는 것보다는 신체가 건강한 것이 더 소중하다. 재산도 그렇다. 아무리 많은 부를 일궈도 육신이 고장 나면 아무 소용이 없게 된다. 명성과 몸, 재산 가운데 가장 소중한 것은 몸이다. 몸은 존재의 본질을 의미하고 명성과 재산은 삶에서 비본질적인 것, 허상, 신기루 같은 것이다.

집 안에 금은보화를 가득 쌓아두면 행여 누가 들어와 훔쳐 갈까 봐 노심초사한다. 근심·걱정에 잠을 잘 이루지 못한다. 금은보화를 보관한 궤짝을 튼튼한 노끈으로 묶어두지만 궤짝을 통째로 들고 가버리면 그것도 소용없다. 그래서 잃는 것보다는 얻는 것이 더 큰 병이 될 수 있다. 명성과 재물은 적당한 선에서 그치고 그 상태에서 안락함과 기쁨을 누리면서 사는 것이 가장 행복한 삶이다. 그래야 건강하게 오래 살 수 있다.

톨스토이의 단편 소설 〈사람에게는 얼마나 많은 땅이 필요한가?〉에서 바흠은 해가 떠 있는 동안 걸은 만큼의 땅을 준다는 악마의 거래에 욕심을 부리다가 결국 탈진해서 죽고 만다. 길을 걷다가 적당한 선에서 그치고 해가 충분히 남아 있을 때 집으로 돌아가는 선택을 했더라면 여생을 가족들과 함께 행복하게 지낼 수 있었을 것이다.

45장

화려한 언변이 아닌
진정한 마음으로 소통하라

大成若缺(대성약결)

大成若缺(대성약결): 크게 이루어진 것은 조금 모자란 듯하나

其用不弊(기용불폐): 그 쓰임은 끝이 없다.

大盈若沖(대영약충): 가득 찬 것은 조금 빈 듯하나

其用不窮(기용불궁): 그 쓰임은 무궁무진하다.

大直若屈(대직약굴): 크게 곧은 것은 조금 굽은 듯하고

大巧若拙(대교약졸): 훌륭한 솜씨는 조금 서툴러 보이고

大辯若訥(대변약눌): 훌륭한 말은 조금 어눌해 보인다.

躁勝寒(조승한): 바쁘게 몸을 놀리면 추위를 이길 수 있지만

靜勝熱(정승열): 그보다 더 중요한 것은 고요함으로 더위를 이기는

것이다.

淸靜爲天下正(청정위천하정): 맑고 고요함으로 천하를 바르게 한다.

크게 이루어진 것, 가득 찬 것, 크게 곧은 것, 훌륭한 솜씨, 훌륭한 말은 모두 형식적 완결성을 뜻한다. 도란 이러한 형식적 완결성에 있지 않다. 겉모습은 조금 부족하고 모자란 듯 보여도 속이 꽉 찬 것, 청산유수처럼 좔좔 쏟아내는 말보다는 조금 어눌해도 진정성이 담겨 있는 말에 도의 참모습이 있다. 노자가 38장에서 화려한 꽃을 버리고 속이 실한 열매를 취한다고 한 것이나 32장에서 다듬지 않아 투박해 보이는 통나무를 도에 비유하는 것도 그 때문이다.

'조승한(躁勝寒) 정승열(靜勝熱)'은 논란이 많은 문장이다. 추위를 이기려면 달리기를 할 때처럼 몸을 바쁘게 움직여 열을 발생시켜야 한다. 조급할 조(躁)는 그런 의미로 쓰였다. 하지만 이런 조급함은 도와 거리가 멀다. 노자는 주로 고요한 상태를 지칭하는 정(靜)을 도에 더 가까운 상태로 묘사하고 있다. 그래서 뒤 문구인 정승열, 즉 고요함으로 더위를 이긴다는 쪽에 의미의 무게 중심이 있는 것으로 해석했다. 그렇게 봐야 마지막 문장인 '청정위천하정(淸靜爲天下正)'과 맥락이 자연스럽게 이어진다.

GE는 실리콘밸리와는 인연이 없었던 기업이다. 1892년 토머스 에디슨이 설립한 전기회사로 출발한 GE는 주로 에너지 사업에 주력했다. 하지만 지금은 그 위상이 바뀌었다. 2011년 GE는 소프트웨어 기업으로서의 변신을 선언하고 산업 인터넷 기술 개발을 위해 미국 실리콘밸리 인근 샌 라몬(San Ramon)에 GE디지털 본사를 설립했다. 이후 GE는 디지털산업 기업으로서 에너지, 항공, 운송, 헬스 케어 등 기존의 전문성을 갖춘 산업 분야에서 장비와 기계를 생산·공급함과 동시에 여기에서 발생하는 데이터를 수집·분석하여 생산과 효율을 획기적으로 제고할 소프트웨어 솔루션을 개발 및 제공하고 있다.

GE를 글로벌 기업으로 키운 일등 공신은 잭 웰치다. 잭 웰치는 GE에 평사원으로 입사해 최연소로 GE의 회장에 취임해 20년간 자리를 지켰다. 잭 웰치는 심한 말더듬이였다. 참치 샌드위치를 주문할 때 "투, 투나 샌드위치"라고 발음해 점원이 참치 샌드위치를 두 개 내줬을 정도로 심하게 말을 더듬었다. 어린 시절 말을 더듬어서 친구들로부터 놀림을 당한 후 눈물을 흘리는 잭 웰치를 보고 그의 어머니는 이렇게 말했다.

"네 말이 느린 게 아니라 네 생각의 속도가 너무 빠른 거란다. 세상 그 어떤 사람의 혀도 네 생각을 따라잡을 수 없어."

잭 웰치는 말뿐만 아니라 행동도 조금 어눌했다. 회의를 하거나 대화를 하는 도중 상대를 향해 몸을 돌리는 동작이 재빠르지 않았다. 작은 키와 적은 머리숱, 말더듬이에 어눌한 행동까지 그에게는 눈에 띄는 단점이 많았다. 하지만 잭 웰치는 이런 단점을 장점으로 바꿨다. 말과 몸짓이 아니라 마음으로 사람들에게 다가갔고 그것이 그를 소통의 달인으로 만들었다. 잭 웰치는 조금 어눌해 보이지만 선이 굵은 거인의 리더십으로 GE를 미국의 대표기업으로 성장시켰다.

46장

족함을 아는 것이 가장 큰 족함이다

知足之足上足矣(지족지족상족의)

天下有道(천하유도): 천하에 도가 있으면

却走馬以糞(각주마이분): 달리던 말이 돌아가 그 똥으로 농사를
짓는다.

天下無道(천하무도): 천하에 도가 없으면

戎馬生於郊(융마생어교): 군사용 말이 전쟁터에서 새끼를 낳는다.

禍莫大於不知足(화막대어부지족): 화는 족함을 모르는 것보다 더 큰
것이 없고

咎莫大於欲得(구막대어욕득): 허물은 갖고자 하는 욕심보다 더 큰
것이 없다.

故知足之足常足矣(고지족지족상족의): 그러므로 족한 줄 아는 것이
가장 큰 족함이다.

전쟁을 미화하지 말라고 설파한 31장과 더불어 노자의 평화주의 사상을 잘 보여주는 장이다. '각주마이분(却走馬以糞)'에서 각(却)은 돌아가다는 의미로 쓰였고 분(糞)은 거름을 주다, 농사를 짓다는 의미로 쓰였다. 전쟁터를 누비던 말이 고향으로 돌아가 그 똥으로 거름을 주고 농사를 짓는 데 쓰이니 평화가 찾아온 것이다. 평화는 곧 도다. 그래서 천하에 도가 있으면 말의 똥이 거름으로 쓰인다고 했다. '융마생어교(戎馬生於郊)'에서 융마(戎馬)는 군사용 말을 뜻하며 교(郊)는 성의 외곽이라는 의미지만 여기서는 전쟁터를 뜻한다. 군사용 말이 전쟁터에서 새끼를 낳는다는 것은 전쟁이 한창 진행 중이라는 의미다. 전쟁은 비도(非道)다. 그래서 천하에 도가 없으면 말이 교외에서 새끼를 낳는다고 했다.

전쟁이 발생하는 원인은 제후나 왕들의 욕심 때문이다. 영토를 넓히려는 욕심, 재물을 약탈하려는 욕심이 사회적 혼란, 무자비한 살상과 같은 화를 불러오고 민생을 도탄으로 몰아넣는 허물을 남긴다. 그래서 화는 족함을 모르는 것보다 더 큰 것이 없고, 허물은 갖고자 하는 욕심보다 더 큰 것이 없다고 했다. 자신이 가진 영토와 재물에 만족하면서 평화롭게 살면 화를 당할 일도 없고 허물을 남길 일도 없다. 그래서 족함을 아는 것이 가장 큰 족함(常足)이라고 했다.

47장

혁신은 모든 경계를
허무는 것부터 시작된다

不出戶(불출호) **知天下**(지천하)

不出戶(불출호): 문을 나서지 않고도

知天下(지천하): 천하를 알고

不闚牖(불규유): 창문 틈으로 내다보지 않고도

見天道(견천도): 하늘의 도를 볼 수 있다.

其出彌遠(기출미원): 더 멀리 나갈수록

其知彌少(기지미소): 더 적게 안다.

是以聖人不行而知(시이성인불행이지): 그러므로 성인은 돌아다니지

않고도 알고

不見而名(불견이명): 보지 않고도 이름을 부르고

不爲而成(불위이성): 하지 않으면서 이룬다.

견문을 넓히려면 세상을 두루 다녀보는 것이 좋다. 하지만 그것이 도

를 깨우치는 데 직접적인 도움을 주지는 않는다. 세상에 관한 지식을 쌓는 것과 통찰력을 갖는 것은 다른 차원의 문제다. 집을 나서지 않고도 천하를 안다는 것은 명상과 자기 성찰을 통해 도를 깨우친다는 의미다. 제갈공명은 심산유곡 산중에서도 천하의 대세를 읽는 안목을 깨우쳤고, 달마대사는 세상과 등을 진 채 면벽(面壁) 수도만으로 도를 깨우쳤다. 더 멀리 나간다는 것은 복잡한 세상 속에서 사람들과 부대끼면서 살아간다는 의미다. 그렇게 세파에 시달리다 보면 맑은 정신을 가질 수 없다. 그래서 차라투스트라도 영혼의 에너지가 고갈될 때는 시장을 탈출해서 동굴로 들어갔다.

실리콘밸리의 혁신기술은 세상과 사람, 정보의 경계를 허물고 모든 것을 하나로 연결시킨다. 사람과 사물이 연결되는 사물인터넷(IoT)은 이미 보편화되었고, 사람과 동물, 동물과 식물을 연결하는 종간인터넷과 지구와 우주를 연결하는 우주인터넷도 차츰 우리 곁으로 다가오고 있다.

스페이스엑스의 CEO 일론 머스크는 향후 30년 내에 우주인터넷이 사물인터넷만큼 보편적인 통신수단이 될 것으로 내다보고 있다. 우주 시대를 앞당기기 위해 그만큼 정열적으로 일하는 기업가도 드물다. 그가 세운 스페이스엑스와 테슬라, 솔라시티는 인류가 우주를 향해 나아가는 데 있어 첨병(尖兵) 역할을 하고 있다. 아마존과 구글, 영국의 버진 그룹도 이 대열에 적극 동참하고 있다. 이들 덕분에 조만간 사람들은 문을 나서지 않고도 천하를 알 수 있는 세상에서 살게 될 것이다. 아니

우리가 모르는 사이에 이미 그런 세상이 와 있는지도 모른다.

최근 미국의 대통령은 백악관을 나서지 않고도 이란의 실력자를 정확하게 제거했다. 페이스북은 사무실을 나서지 않고도 천리 밖 사람들의 소식을 정확하게 알고 구글과 아마존은 손가락 하나로 천하 사람들의 욕망과 기호, 생각을 훤히 내다본다. 실리콘밸리의 혁신기술은 '불출호(不出戶) 지천하(知天下)'의 도를 앞당기고 있다.

48장

관습에 얽매이면
후퇴할 수밖에 없다

爲學日益(위학일익) **爲道日損**(위도일손)

爲學日益(위학일익): 학문은 하루하루 더하고

爲道日損(위도일손): 도는 하루하루 덜어낸다.

損之又損(손지우손): 덜고 덜어

以至於無爲(이지어무위): 무위의 경지에 이른다.

無爲而無不爲(무위이무불위): 무위하면 하지 못하는 일이 없게 된다.

取天下(취천하): 천하를 얻으려면

常以無事(상이무사): 항상 일 없음으로 해야 한다.

及其有事(급기유사): 인위적으로 일을 꾸미면

不足以取天下(부족이취천하): 천하를 취할 수 없다.

학문을 한다는 것은 세상에 관한 지식을 쌓는 것이다. 하루하루 지식
이 쌓여 학문이 완성된다. 어떤 분야에 대한 지식이 두텁게 축적되면

그 분야에서 전문가가 될 수 있다. 하지만 도가 통한 경지에 오르기 위해서는 지식의 축적이 아니라 지식의 폐기가 동시에 이루어져야 한다. 더하는 단계가 아니라 덜고, 버리고, 멀리하는 단계로 나아가야 한다. 기존의 지식에 의존하면 사고의 질적 전환이 불가능해진다. 익숙하게 알고 있는 것에 매몰되면 혁신을 이룰 수 없다. 기존의 패러다임 안에 갇혀서 유위한 방법밖에 찾아낼 수 없기 때문이다. 혁신은 산더미처럼 쌓인 지식 그 너머로 뭔가를 볼 수 있을 때 가능해진다. 그것을 볼 수 있는 것은 통찰력이다. 통찰력은 지식의 많고 적음과 무관하게 다가온다. 도를 깨우칠 때 순간적으로 주어지는 영혼의 능력이다.

창의적 사고를 키우려면 큰 생각부터 먼저 하고 작은 생각은 뒤로 두는 것이 좋다. 자잘한 생각에 매몰되면 혁신을 이룰 수 없다. 굵은 돌과 자잘한 돌, 모래가 있을 때 이것들을 항아리에 고루 넣으려면 어떻게 해야 할까? 모래로 항아리를 먼저 채워버리면 돌을 넣을 수 없게 된다. 굵은 돌을 먼저 넣고 그다음에 자잘한 돌을 넣고 마지막에 모래를 부으면 고루 섞을 수 있다. 모래처럼 많은 지식을 갖고 있다고 혁신할 수 있는 것은 아니다. 큰 생각으로 아이디어를 착상시킨 후 디테일한 방법론으로 그것을 보충할 때 혁신이라는 그림을 완성할 수 있다.

토머스 에디슨이 없었더라면 실리콘밸리도 탄생할 수 없었다. 그가 발명한 전기 덕분에 진공관도, 트랜지스터도, 집적회로도, 컴퓨터도 태어날 수 있었다. 전기에너지를 공급해 IT산업을 태동시키고 성장시켰다는 측면에서 볼 때 에디슨은 실리콘밸리의 가장 오래된 조상이다.

에디슨이 발명한 것 중 가장 획기적인 발명품은 전기도 전화도 아닌 연구소다.

1876년 에디슨은 사재를 털어 미국 뉴저지주 멘로파크에 연구소를 설립했다. 세계 최초의 민간 연구소다. 에디슨의 멘로파크 연구소는 기존의 틀을 확 깨버리는 획기적인 것이었다. 그 당시 연구소는 대학 부설이 아니면 왕실이나 정부의 출연으로 설립되었으며 과학 이론을 연구하는 것이 연구소 설립의 목적이었다. 개인이 실용적 목적으로 연구소를 설립한 것은 에디슨이 처음이었다. 학자들이 맹렬하게 비난했지만 에디슨은 아랑곳하지 않았다. 세계 각지에서 우수한 연구 인력을 초빙했는데 그 가운데는 수학자와 화학자뿐 아니라 목수와 기계공도 있었다.

에디슨의 연구소는 대학에서도 찾아볼 수 없었던 첨단 기자재와 연구시설을 설치해 최적의 연구조건을 갖추었다. 필요한 자료를 즉각 찾아볼 수 있도록 전문도서관도 설치했다. 연구소 주변에는 주거시설을 지어 연구원들의 이동거리를 최소화시킴으로써 연구 활동의 효율성을 꾀했다. 멘로파크 연구소는 사이언스 파크였다. 이처럼 에디슨이 큰 생각을 바탕으로 그림을 그린 덕분에 인류의 문명은 크게 한 걸음을 내디딜 수 있었다. 실리콘밸리의 천재들도 큰 생각의 대가들이다. 관습적 사고의 틀에 얽매이지 않고 세상을 크게 내다볼 줄 아는 그들 덕분에 인류는 에디슨 이후 또 한 번 큰 걸음을 내딛고 있다.

49장

ⵔ

편 가르지 말고 두루 품어라

善者吾善之(선자오선지) 不善者吾亦善之(불선자오역선지)

聖人無常心(성인무상심): 성인에게는 고정된 마음이 없다.

以百姓心爲心(이백성심위심): 백성의 마음을 자기 마음으로 삼는다.

善者吾善之(선자오선지): 선한 사람도 선으로 대하고

不善者吾亦善之(불선자오역선지): 선하지 않은 사람도 선으로

대한다.

德善(덕선): 그리해야 덕이 선하게 된다.

信者吾信之(신자오신지): 신의 있는 사람도 신의로 대하고

不信者吾亦信之(불신자오역신지): 신의 없는 사람도 신의로 대한다.

德信(덕신): 그리해야 덕에 믿음이 있게 된다.

聖人在天下歙歙焉(성인재천하흡흡언): 성인은 천하에 임할 때 모든

것을 거두니

爲天下渾其心(위천하혼기심): 일일이 구분하지 않고 두루 마음을

준다.

聖人皆孩之(성인개해지): 성인은 그들을 모두 아이처럼 되게 한다.

도에는 구분지심(區分之心)이 없다. 그래서 성인은 만물을 구분하지 않는다. 구분한다는 것은 세상을 선한 것과 선하지 않는 것, 신뢰할 수 있는 것과 신뢰할 수 없는 것으로 나눠서 차별적으로 대한다는 의미다. 선한 사람을 선하게 대하고 선하지 않은 사람은 선하지 않게 대하는 것은 구분지심에 기초한 유교적 도덕률이다.

공자는 《논어》에서 덕은 덕으로 갚고, 원한은 그에 맞게 응징하는 것이 옳다고 했다. 그러나 노자는 다르게 말한다. 선도 선으로 갚고, 악도 선으로 갚으라는 것이 노자의 도덕률이다. 현실 세계의 법률적 질서에 맞지 않을 수도 있지만 살인이 살인을 부르고, 전쟁이 전쟁을 부르는 인과응보의 악순환을 끊기 위해서는 관용과 용서의 도덕률이 필요한 것도 사실이다. 예수도 원수를 사랑하라고 가르친다.

구분지심은 세상을 네 편, 내 편으로 갈라서 네 편은 차별하고, 내 편은 편애하는 장치로 작동된다. 그러므로 마음을 두루 줄 수 없다. 흡(翕)은 새가 새끼를 품듯이 사물을 거둔다는 의미다. 성인은 편을 가르지 않으므로 만물을 두루 품는다. 혼(渾)은 섞는다는 뜻인데, 여기서는 마음을 한곳에 주지 않고 두루 살핀다는 의미로 쓰였다. 모든 새끼는 다 귀엽다. 그것이 사람 새끼든, 고양이 새끼든 말이다. 성인은 차별하지 않고 두루 마음을 주므로 만물을 아이같이 대한다고 했다.

50장

사리사욕 없는 변화만이
진정한 혁신을 이룬다

善攝生者(선섭생자) **其無死地**(기무사지)

出生入死(출생입사): 사람의 일생은 삶으로 나왔다가 죽음으로
들어간다.

生之徒十有三(생지도십유삼): 태어나는 사람이 3분의 1이고

死之徒十有三(사지도십유삼): 죽는 사람이 3분의 1이며

人之生(인지생): 태어나서 살다가

動之死地(동지사지): 죽을 자리로 움직이고 있는 사람도

亦十有三(역십유삼): 역시 3분의 1이다.

夫何故(부하고): 왜 그러한가?

以其生生之厚(이기생생지후): 모두 삶에 대한 집착이 너무 강하기
때문이다.

蓋聞善攝生者(개문선섭생자): 대체로 볼 때 섭생을 잘하는 사람은

陸行不遇虎兕(육행불우호시): 육지에서 다녀도 호랑이나 코뿔소를

만나지 않고

入軍不被甲兵(입군불피갑병): 군대에 들어가서도 상대편의 습격을 당하지 않는다.

兕無所投其角(시무소투기각): 코뿔소는 그 뿔로 들이받을 곳이 없고

虎無所措其爪(호무소조기조): 호랑이는 그 발톱으로 할퀼 곳이 없고

兵無所容其刃(병무소용기인): 병사는 그 칼로 찌를 데가 없다.

夫何故(부하고): 왜 그러한가?

以其無死地(이기무사지): 그에게는 죽음의 자리가 없기 때문이다.

사람의 일생은 태어나서 살다가 죽음을 맞이한다. 이 세 단계를 단순하게 3등분 하면 탄생이 3분의 1, 삶이 3분의 1, 죽음이 3분의 1이다. 세 사람 중 한 사람은 태어나고, 한 사람은 살아가고 있고, 한 사람은 죽음의 문턱에 이른다. 탄생과 죽음이 각각 3분의 1이라는 사실은 아무도 부정할 수 없다. 숙명적으로 정해진 것이기 때문이다. 문제는 탄생과 죽음의 가운데에 있는 시기다. 사람에게 가장 중요한 시기는 바로 이 시기인데 대부분의 사람들은 중간 과정의 이 삶을 제대로 누리지 못하고 하루하루 죽음의 문턱을 향해 나아가고 있을 뿐이다. 그래서 죽을 자리로 움직이고 있는 사람 역시 3분의 1이라고 했다.

　그 이유와 해결 방법이 50장의 주된 메시지다. 노자는 사람들이 삶을 제대로 향유하지 못하고 하루하루 죽을 자리로 나아가고 있는 이유를 삶에 대한 지나친 집착에서 찾는다.《도덕경》전편에 흐르는 역발상의 미학이 삶과 죽음에도 그대로 적용되는 것이다. 삶을 누리려면 삶

에 집착하는 것이 마땅한데 노자는 거꾸로 삶에 대한 집착을 끊는 것이 삶을 제대로 향유하는 길이라고 말한다. 삶에 대한 집착은 생명에 대한 집착과는 그 의미가 다르다. 노자가 말하는 집착은 재물이나 권력에 대한 과도한 욕심을 말한다. 내 몸에 금은보화를 지니고 있지 않으면 길을 가다가 강도를 만날 일도 없고, 권세 있는 자리에 있지 않으면 비방 받을 일도 없다. 호랑이나 코뿔소를 만나도 들이받을 곳이 없다거나 상대편 병사가 칼로 찌를 곳이 없다는 문장은 이런 의미로 쓰였다. 욕심을 내려놓으면 화를 당할 일도 없고 그런 사람에게는 죽음의 자리가 없다.

51장

더 큰 이익을 원한다면
먼저 내어줘라

長之(장지) 育之(육지) 爲而不恃(위이불시)

道生之(도생지): 도는 낳고

德畜之(덕축지): 덕은 기르고

物形之(물형지): 물은 형상을 만들고

勢成之(세성지): 세는 이룬다.

是以萬物莫不存道而貴德(시이만물막부존도이귀덕): 그러므로 만물은
도를 존중하지 않을 수 없고 덕을 귀하게 여기지 않을 수 없다.

道之尊(도지존): 도를 존중하고

德之貴(덕지귀): 덕을 귀하게 여기는 것은

夫莫之命而常自然(부막지명이상자연): 누가 시켜서 그런 것이 아니라
저절로 그렇게 하는 것이다.

故道生之(고도생지): 그러므로 도가 낳고

德畜之(덕축지): 덕이 길러주는 바

長之(장지): 키워주고

育之(육지): 보살피고

亭之(정지): 감싸주고

毒之(독지): 보듬어주고

養之(양지): 먹여주고

覆之(복지): 덮어준다.

生而不有(생이불유): 낳았으나 소유하지 않고

爲而不恃(위이불시): 이루었으나 기대려 하지 않고

長而不宰(장이부재): 키웠으나 지배하지 않는다.

是謂元德(시위원덕): 이를 일컬어 큰 덕이라 한다.

바다는 다양한 생물을 보살피고, 먹이고, 기른다. 조개와 새우, 고래는 바다의 품속에서 영양분을 공급받아 성장한다. 하늘을 나는 새, 땅을 누비는 짐승들도 모두 자연이 낳고 기른다. 하지만 바다와 하늘, 자연은 아무도 이들을 소유하려거나 공을 내세우거나 지배하려 하지 않는다. 아무런 표시도 하지 않는다. 원산지 표시는 인간들이 하는 것이지 자연의 소관이 아니다. 제주도에서 잡힌 옥돔에 메이드 바이 자연이라는 표시를 하지 않는다.

"내가 너를 어떻게 키웠는데"라고 하면서 자식에게 서운함을 표시하는 것은 도에 어울리지 않는다. 낳았으면 먹이고 입히면서 기르는 것은 인간의 도리를 넘어 자연의 도리다. 자식의 입장에서 부모는 낳고 길러주었기에 존중하고 귀하게 모시는 것은 당연하지만, 그렇다고 그 신체나 정신의 소유권이 부모에게 귀속된 것은 아니다. 엄연히 독립된 인격체다. 부모 자식 간의 관계를 이렇게 설정하면 불필요한 갈등과 분쟁, 사회적 비용을 줄일 수 있다. 자연을 닮아 허허롭게 서로를 인정하고 놓아주고 편하게 해주는 것이 가장 바람직한 부모 자식 간의 도리다.

인터넷을 처음으로 개발한 것은 미국의 국방부였다. 유사시에 대비해 보안 네트워크를 구축했고 여기에 미국의 4개 대학 연구소가 연결되면서 최초의 인터넷이라 할 수 있는 아프라넷(ARPAnet)이 탄생했다. 유럽입자물리연구소 세른(CERN, European Laboratory for Particle Physics)의 팀 버너스 리는 인터넷에 문법 규칙을 입혔다. 월드와이드 웹(WWW, World Wide Web)이라는 멋진 이름이 그의 머리에서 나온 것이다.

하지만 재주 부리는 사람과 돈 버는 사람은 따로 있었다. 이렇게 출발한 인터넷을 상업적으로 이용하여 대박을 터뜨린 사람은 마크 앤드리슨과 짐 클라크였다. 두 사람은 인터넷을 쉽게 띠울 수 있는 웹브라우저를 개발했는데, 그것이 바로 넷스케이프였다. 넷스케이프가 내놓은 브라우저 내비게이터는 출시하자마자 선풍적인 인기를 끌었다. 내비게이터는 유닉스와 매킨토시는 물론 윈도가 깔린 PC에서도 실행할 수 있었다. 넷스케이프는 내비게이터를 인터넷상에서 무료로 배부했다.

더 큰 이익을 얻기 위해 먼저 주는 전략은 주효했다. 내비게이터는 네트워크를 지배하는 브라우저가 되었고 시장의 70퍼센트를 점령했다. 초기 사용자만 200만 명이 넘었다. 그다음 해 여름에는 그 수가 다섯 배로 증가했다. 덩달아 월드와이드웹은 인터넷의 다양한 통로 가운데 가장 이용률이 높은 주도로로 급부상했다. 〈포천〉 선정 100대 기업 가운데 AT&T, 휴렛팩커드, MCI를 포함한 70퍼센트가 넷스케이프의 제품을 사용했다.

브라우저의 무상 공급은 메트칼프의 법칙(Metcalfe's law, 통신 네트워크의 가치는 그 네트워크를 장착한 통신기기 수의 제곱에 비례한다)에 따라 브라우저의 가치를 무한정 증폭시켰고 인터넷 인구를 폭발적으로 증가시켰다. 아메리칸온라인(AOL)을 비롯한 폐쇄적인 온라인 서비스 기업들도 넷스케이프의 개방적 웹에 굴복해 웹 브라우저와 그들 회사의 서비스가 서로 호환되도록 정책을 바꿨다. 넷스케이프가 성공한 비결은 이루었으나 기대려 하지 않는 '위이불시(爲而不恃)'의 전략이었다.

52장

본질에 충실하다면
외면받지 않을 것이다

塞其兌(색기태) 閉其門(폐기문) 終身不勤(종신불근)

天下有始(천하유시): 천하에는 시작이 있으니

以爲天下母(이위천하모): 바로 천하의 어머니다.

旣得其母(기득기모): 어머니를 얻었으니

以知其子(이지기자): 자식을 알 수 있다.

旣知其子(기지기자): 자식을 알았으니

復守其母(복수기모): 다시 그 어머니를 지키면

沒身不殆(몰신불태): 죽을 때까지 위태롭지 않다.

塞其兌(색기태): 입을 막고

閉其門(폐기문): 문을 닫으면

終身不勤(종신불근): 평생토록 근심이 없다.

開其兌(개기태): 입을 열고

濟其事(제기사): 일을 벌이면

終身不救(종신불구): 평생토록 벗어날 길이 없다.

見小曰明(견소왈명): 작은 것을 보는 것이 밝음이고

守柔曰强(수유왈강): 부드러움을 간직하는 것이 강함이다.

用其光(용기광): 빛을 이용해서

復歸其明(복귀기명): 밝음으로 돌아가면

無遺身殃(무유신앙): 몸에 재앙을 남기지 않는다.

是爲習常(시위습상): 이를 일컬어 습상이라 한다.

도는 만물을 존재하게 하는 근본 원리며, 도의 기본 속성은 텅 빈 무(無)다. 무에서 형상을 띤 만물이 태동함으로써 천하가 시작된다. 낳는 것은 어머니의 역할이므로 천하의 시작을 어머니라고 일컫는다. 천하는 어머니가 낳은 자식이다. 자식이 다시 어머니를 지킨다는 것은 도의 원리를 온전하게 깨닫고 그것을 삶의 지침으로 삼는다는 뜻이다. 온전하고 든든한 도에 기대어 살면 만사가 평화롭고 안전하다. 그래서 어머니를 지키면 죽을 때까지 위태롭지 않다고 했다.

'색기태(塞其兌) 폐기문(閉其門)'에서 태(兌)는 입, 입구를 뜻하는데, 여기서는 세상의 지식을 받아들이는 감각기관의 의미로 쓰였다. 눈, 귀, 입과 같은 감각기관은 불완전하다. 그러므로 그를 통해 사물을 지각하는 것은 본질적인 인식과 거리가 멀다. 입구를 막고 문을 닫는다는 것은 감각기관을 통한 인식을 지양한다는 것이다. 감각기관을 막은 후 사물을 통합적, 직관적으로 인식할 때 비로소 밝은 깨달음(明)을 얻는다. 명을 얻은 사람은 존재에 대한 불안감에서 완전히 해방된다. 그래서 입을 막고 문을 닫으면 평생토록 근심이 없다고 했다.

'견소왈명(見小曰明) 수유왈강(守柔曰强)'에서 작고 부드러운 것은 도를 상징한다. 도를 보니 밝아지고, 도를 간직하므로 부드러워지는 것이다. 명으로 돌아가면 몸에 재앙을 남기지 않는다고 한 것은 밝게 깨달으면 강하게 되고, 강하면 위태롭지 않고, 위태롭지 않으므로 몸에 재앙을 남기지 않는다는 뜻이다.

습상(襲常)은 진리에 대한 이런 깨달음이 습관처럼 몸에 익어 항구적 상태에 도달한 것을 일컫는다.

53장

정도를 걷는 것은
성공하는 것보다 어려운 일이다

大道甚夷(대도심이) 而民好徑(이민호경)

使我介然有知(사아개연유지): 내게 겨자씨만 한 작은 지식만 있어도

行於大道(행어대도): 큰 도를 행하며

唯施是畏(유시시외): 이를 널리 베풀고자 성심을 다한다.

大道甚夷(대도심이): 큰 도는 지극히 평탄한데

而民好徑(이민호경): 사람들은 샛길을 좋아한다.

朝甚除(조심제): 조정은 번듯하고 깨끗한데

田甚蕪(전심무): 밭에는 잡초가 무성하고

倉甚虛(창심허): 곳간은 텅 비었다.

服文綵(복문채): 비단옷을 걸쳐 입고

帶利劍(대리검): 날카로운 칼을 차고

厭飮食(염음식): 음식에 물릴 지경이 되고

財貨有餘(재화유여): 재물은 쓰고도 남으니

是謂道夸(시위도과): 이것을 도라 할 수 있는가?
非道也哉(비도야재): 아니, 이건 도가 아니다.

《도덕경》 81장 가운데 정치적 메시지가 가장 두드러지는 장 중 하나다. 노자는 이 장에서 민생은 돌보지 않고 자신들의 탐욕 추구에만 혈안이 되어 있는 위정자들의 모습을 직접적이고 신랄하게 비판하고 있다.

조정은 풀 한 포기 구경할 수 없을 정도로 깨끗하고 번듯하게 꾸며놓았지만 백성들의 삶의 터전인 밭에는 풀이 무성하게 자라고, 곳간은 텅텅 비어 있다. 전쟁이 계속되면서 백성들의 삶은 도탄에 빠졌는데도 왕과 제후, 귀족들은 비단 옷을 걸쳐 입고 그 위에 날카로운 칼을 차고 다닌다. 백성들은 굶주리고 있지만, 이들은 주체할 수 없을 정도로 넘쳐나는 재물과 음식으로 호의호식한다.

노자는 '어찌 이것이 도라고 할 수 있겠느냐?'며 울분과 분노가 섞인 문장으로 장을 마무리한다. 겨자씨만 한 지식만 있어도 도를 실천할 수 있다는 첫 번째 문장은 자신이 작은 자리라도 얻어 관직에 진출할 수 있다면 이런 불합리한 정치 질서를 일소할 수 있다는 의지의 표명이다. 하지만 노자가 《도덕경》을 남기고 속세를 떠난 것을 보면 불행하게도 노자에게는 그런 기회가 주어지지 않았던 모양이다.

워런 버핏은 투자의 황제로 불린다. 실리콘밸리의 천재들은 반짝이는 아이디어 하나로 큰 부를 창출했지만, 워런 버핏은 '가치 있는 것에만 투자한다'는 철두철미한 원칙 하나로 거부가 되었다. 사람들이 모두

닷컴버블에 열광할 때도 그는 자신의 원칙을 고수했다. 그것이 정도(正道)라고 믿었기 때문이다. 1999년 스티브 잡스와 빌 게이츠 등 실리콘밸리의 천재들을 한자리에 모아놓고 그는 이렇게 말했다.

"닷컴은 위험하다. 신중하게 생각하고, 신중하게 투자하라."

사람들은 "이제 버핏의 시대는 갔다. 그는 막차도 놓쳤다"라며 그를 비난했지만 그 후로도 버핏의 시대는 가지 않았다. 오히려 버핏은 더 잘나갔다.

워런 버핏이 투자한 종목들의 수익률은 31퍼센트를 넘어섰지만, 미국의 S&P 500과 다우 지수의 연평균 상승률은 9퍼센트대에 머물렀다. 이로써 워런 버핏은 투자의 귀재, 투자의 신으로 불리며 세계적인 명사가 되었다. 버핏은 이렇게 말한다.

"남들이 욕심을 낼 때 겁낼 줄 알아야 하고, 남들이 겁낼 때 욕심을 내야 한다."

워런 버핏은 자신의 자리를 지킬 줄 아는 투자자였다. 자기 능력 범위를 벗어나는 부분에 대해서는 선을 넘지 않았다. 인터넷 종목에 투자를 하지 않은 것도 거품에 대한 우려 때문이기도 했지만, 그에 대한 정확한 지식이 없었기 때문이기도 했다. 워런 버핏은 투자뿐만 아니라 기부에 있어서도 소신과 정도를 지키고 있다. 자신이 설립한 버핏 재단이 아닌 빌 앤드 멀린다 게이츠 재단에 재산의 상당 부분을 기부했다. 그 이유에 대해 그는 이렇게 말했다.

"빌이 올바른 목표와 훌륭한 철학을 바탕으로 성별, 종교, 피부색, 지역을 따지지 않고 전 인류의 삶을 개선하고자 온 열정을 집중하고 있기 때문이다."

　워런 버핏은 투자와 기부 모두 정도를 걸음으로써 거부 그 이상의
존재가 되었다.

54장

철학의 뿌리가 얕으면
성공할지라도 흔들릴 수밖에 없다

善建者不拔(선건자불발)

善建者不拔(선건자불발): 제대로 세운 것은 뽑히지 않고

善抱者不脫(선포자불탈): 제대로 품은 것은 빼앗을 수 없다.

子孫以祭祀不輟(자손이제사불철): 자자손손 제사가 끊어지지 않는다.

修之於身(수지어신): 몸을 갈고닦으면

其德乃眞(기덕내진): 그 덕이 참될 것이고

修之於家(수지어가): 가정에서 실천하면

其德乃餘(기덕내여): 그 덕이 넉넉하게 될 것이고

修之於鄕(수지어향): 마을에서 실천하면

其德乃長(기덕내장): 그 덕이 자라날 것이고

修之於國(수지어국): 나라에서 실천하면

其德乃豊(기덕내풍): 그 덕이 풍성해질 것이고

修之於天下(수지어천하): 천하에서 실천하면

其德乃普(기덕내보): 그 덕이 두루 퍼질 것이다.

故以身觀身(고이신관신): 몸의 덕으로 몸을 살피고

以家觀家(이가관가): 가정의 덕으로 가정을 살피고

以鄕觀鄕(이향관향): 마을의 덕으로 마을을 살피고

以國觀國(이국관국): 나라의 덕으로 나라를 살피고

以天下觀天下(이천하관천하): 천하의 덕으로 천하를 살핀다.

吾何以知天下然哉(오하이지천하연재): 천하가 이러함을 내가 어떻게 알 수 있겠는가?

以此(이차): 이러한 이치를 통해서다.

고대 국가의 가장 큰 덕목은 종묘사직을 계속 이어가는 것이다. 제대로 세웠다는 것은 국가의 정통성이 제대로 확립되었다는 의미고, 제대로 품었다는 것은 민생을 제대로 돌본다는 의미다. 그런 국가는 민심을 얻을 수 있고, 지속적으로 정부를 존속시킬 수 있다. 그래서 자손들의 제사가 끊이지 않는다고 했다. '뿌리 깊은 나무는 바람에 흔들리지 않는다'는 용비어천가의 문장과 일맥상통한다.

수신으로 시작해서 가정, 고장, 나라, 천하의 덕으로 이어지는 문장의 논리 구조는 '수신제가치국평천하(修身齊家治國平天下)'라는 유교의 가르침과 비슷하다. 그러나 노자의 가르침과 유교의 가르침 사이에는 근본적인 차이가 있다. 이어지는 문장들에서 볼 수 있듯이 노자는 전체성보다는 개별성을 더 중요하게 생각한다. 유교에서는 하위 개체를 상위 개체에 종속시켜 궁극적으로 공동체의 안위와 질서 유지에 초점을 맞추지만, 노자는 개별적 단위들 그 자체의 독립적인 가치에 초점을 맞춘다. 그래서 몸의 덕으로 몸을 살피고, 가정의 덕으로 가정을 살피고, 고을의 덕으로 고을을 살피고, 나라의 덕으로 나라를 살피고, 천하의 덕으로 천하를 살피라고 말한다. 유교에서는 개인이 국가의 수단으로 전락하지만 노자에게 개인은 독립된 인격체로서 존중되고 유지된다.

스티브 잡스가 죽은 후 많은 시간이 흘렀지만 애플은 여전히 4차 산업혁명 시대 최고의 혁신기업으로 굳건히 자신의 자리를 지키고 있다. 실적도 좋다. 잡스의 바통을 이어받은 팀 쿡의 리더십 덕분이기도 하지만 잡스가 뿌려놓은 혁신의 DNA가 여전히 큰 위력을 발휘하고 있음을 부인하기 어렵다.

팀 쿡이 애플의 CEO를 맡은 후 시장에 내놓은 혁신 기기는 애플워치가 유일하다. 애플을 떠받치고 있는 것은 여전히 스티브 잡스가 남긴 아이맥과 맥북, 아이폰, 아이패드 등이다. 이들 제품이 가진 기능적 자기완결성과 편의성, 디자인에서의 미적 요소 때문에 애플은 선두 자리를 지키고 있다.

'선건자불발(善建者不拔) 선포자불탈(善抱者不脫)'의 구절처럼 잡스가 혁신적 아이디어를 워낙 잘 심어놔서 어지간해서는 잘 뽑히지 않는다. 잡스가 남긴 혁신 제품들을 사랑하는 애플 마니아들의 마음속에는 잡스의 미니멀리즘 철학이 하나의 신앙처럼 자리 잡았고, 노자가 말하는 도의 정신이 그 속에서 면면히 이어져 내려오고 있다.

55장

널리 존중받고 싶다면
애써 구분하지도, 차별하지도 마라

含德之厚(함덕지후) 比於赤子(비어적자)

含德之厚(함덕지후): 품은 덕이 두터운 것은

比於赤子(비어적자): 비유하자면 갓난아이와 같다.

蜂蠆虺蛇不螫(봉채훼사불석): 벌, 전갈, 독사가 물지 못하고

猛獸不據(맹수불거): 맹수가 덤벼들지 못하고

攫鳥不搏(확조불박): 사나운 새가 낚아채지 못한다.

骨弱筋柔而握固(골약근유이악고): 뼈는 약하고 근육은 부드럽지만

아귀힘은 세다.

未知牝牡之合而全作(미지빈모지합이전작): 남녀의 교합을 알지

못해도 발기하는 것은

精之至也(정지지야): 정기가 지극하기 때문이다.

終日號而不嗄(종일호이불사): 종일 울어도 목이 잠기지 않는 것은

和之至也(화지지야): 조화가 지극하기 때문이다.

知和曰常 (지화왈상): 조화를 아는 것을 항상이라 하고

知常曰明 (지상왈명): 항상을 아는 것을 밝음이라 한다.

益生曰祥 (익생왈상): 생이 더해지면 상스럽다 하고

心使氣曰强 (심사기왈강): 마음으로 기를 다스리면 강하다고 한다.

物壯則老 (물장즉로): 사물의 기운이 성하면 언젠가 쇠하게 되는 것은

謂之不道 (위지부도): 그것이 도가 아니기 때문이다.

不道早已 (부도조이): 도가 아닌 것은 오래가지 못한다.

적자(赤子)는 갓난아기를 일컫는다. 도와 덕을 어린아이에 비유한 문장은 앞서도 여러 번 나왔다. 10장과 20장, 28장에서는 영아(嬰兒)로 표현했고, 49장에서는 해(孩)로 표현했지만 그 의미는 이 장에 쓰인 적자와 같다. 어린아이는 사물을 구분해서 인식하지 않고 통합적, 직관적으로 인식한다. 어린아이에게는 선악, 미추, 고저, 장단에 대한 구분이 뚜렷하지 않다. 사나운 맹수나 벌을 고양이나 나비와 구분하지 못하기 때문에 그들에 대한 두려움도 없다. 두려움이 없으니 맹수나 벌을 보아도 웃는 낯으로 자연스럽게 그들을 향해 팔을 뻗는다.

노자는 어린아이의 이러한 태도를 도와 덕에 비유하고 있다. 예수가 "하늘 나라에서 가장 위대한 사람은 자신을 낮추어 이 어린이와 같이 되는 사람이다"(마태복음 18장 4절)라고 한 것이나 맹자가 "대인(大人)은 어린아이의 마음을 잃지 않은 사람"(이루장구하 14장)이라고 한 것도 같은 맥락이다.

상(常), 명(明), 강(强)을 항구적 진리, 도에 대한 명철한 깨달음, 두터

운 덕과 대칭시킨 것은 52장의 논리 구조와 같다. 종일 울어도 목이 쉬지 않는다거나 남녀의 교합을 알지 못해도 발기한다고 하는 문장도 어린아이의 부드럽고 유연한 신체적 특징을 도의 자연스러움이나 무위지치와 연결시킨 것이다.

56장

이해관계에 휘둘리지 말고
본질을 꿰뚫어봐라

知者不言(지자불언) **言者不知**(언자부지)

知者不言(지자불언): 아는 사람은 말하지 않고

言者不知(언자부지): 말하는 사람은 알지 못한다.

塞其兌(색기태): 입은 막고

閉其門(폐기문): 문은 폐쇄하고

挫其銳(좌기예): 날카로운 것은 다듬고

解其分(해기분): 얽힌 것은 풀어주고

和其光(화기광): 눈부신 것은 부드럽게 하고

同其塵(동기진): 티끌과 하나가 된다.

是謂玄同(시위현동): 이것을 일러 오묘함과 하나됨이라 한다.

故不可得而親(고불가득이친): 가까이 하지도 않고

不可得而疏(불가득이소): 멀리하지도 않고

不可得而利(불가득이리): 이롭게 하지도 않고

不可得而害(불가득이해): 해롭게 하지도 않고

不可得而貴(불가득이귀): 귀하게 여기지도 않고

不可得而賤(불가득이천): 천하게 여기지도 않는다.

故爲天下貴(고위천하귀): 그 때문에 천하가 귀하게 여긴다.

《도덕경》의 총론격인 1장에서 노자는 "도라고 할 수 있는 것은 도가 아니고, 이름을 붙일 수 있는 것은 이름이 아니다"라고 했다. 도는 도라고 할 수 없으니 논리적 귀결에 따르면 알 수도 없다. 말할 수도 없다. 볼 수도 없다. 들을 수도 없다. 만약 그것을 알 수 있고, 말할 수 있고, 볼 수 있고, 들을 수 있다면 그것은 마땅히 도가 아니다. 그래서 '지자불언(知者不言) 언자부지(言者不知)'라고 했다.

'색기태(塞其兌) 폐기문(閉其門)'은 52장에서 나온 것과 같은 의미를 갖는다. 도는 보고, 듣고, 말하는 인간의 감각기관으로 지각할 수 없기 때문에 입구를 폐쇄하고 문을 닫으라고 했다. 그런 후 직관적으로, 통합적으로 사물을 인식해야 한다. 그렇게 해야 밝은 깨달음(明)을 얻을 수 있고 그렇게 깨달은 사람이 강(强)하다.

날카롭고(銳) 얽혀 있고(分) 눈부신(光) 빛은 도의 반대적 요소로 설정된 것들이며, 이들을 다듬고(挫) 풀어주고(解) 부드럽게(和) 하는 것은 도의 작용이다. 티끌과 하나가 된다는 것은 도의 근원으로 돌아간다는 뜻이고, 오묘함과 하나가 된다는 현동(玄同)은 52장에 나온 습상(習常)과 같은 맥락의 단어인데, 도의 오묘한 이치를 깨달아 도와 하나가 된다는 의미다. 도를 깨달은 사람에게는 친소 관계도 없고, 이해관계도 없고, 귀천도 없다. 그 모든 것을 초월했기 때문이다. 그래서 멀지도 가깝지도 않고, 이롭지도 해롭지도 않고, 귀하지도 천하지도 않다고 했다. 편애하지 않고 치우치지 않으므로 천하 모든 사람들로부터 존중받는다.

혁신은 기술에서의 도다. 혁신이 없으면 사물인터넷도, 인공지능(AI)도, 4차 산업혁명도 없다. 혁신기술을 발명하는 사람은 스티브 잡스나 래리 페이지 같은 엔지니어들이지만, 이 기술의 씨앗을 실리콘밸리에 뿌려 결실을 맺게 하는 사람은 벤처캐피털리스트들이다. 혁신기술이 실리콘밸리의 도라면 벤처캐피털은 실리콘밸리의 어머니다. 아서 록이나 존 도어 같은 사람들이 애플과 구글에 자금을 투자하지 않았더라면 오늘날의 실리콘밸리도 존재하지 않는다.

대중들에게 이들의 이름이 낯선 까닭은 그들이 언론에 자신들의 이름을 잘 드러내려 하지 않기 때문이다. 그렇다고 해서 그들이 무명 인사는 아니다. 존 도어는 미국의 대통령과 어깨를 나란히 할 정도의 유명 인사다. 이들은 '지자불언 언자부지'라는 《도덕경》의 구절을 금과옥조로 삼는다. 그들은 애플의 제품이 갖고 있는 미적 아름다움과 구글의 검색 알고리즘이 갖고 있는 폭발력을 직관적으로 알아차렸지만 아무에게도 말하지 않았다. 대신 조용히 그들을 품에 안았다.

57장

규제로 권력을 행사하면
권력에 기생하는 이들로 넘쳐난다

法令滋彰(법령자창) 盜賊多有(도적다유)

以正治國(이정치국): 바름으로 나라를 다스리고

以奇用兵(이기용병): 기이함으로 군대를 통솔한다고 하지만

以無事取天下(이무사취천하): 천하를 취하는 데는 무위함으로 한다.

吾何以知其然哉(오하이지기연재): 내가 어떻게 이를 아는가?

以此(이차): 다음과 같은 사실 때문이다.

天下多忌諱(천하다기휘): 천하에 금지하는 것이 많으면

而民彌貧(이민미빈): 백성들은 더욱 가난해지고

民多利器(민다리기): 백성들에게 이로운 물건이 많을수록

國家滋昏(국가자혼): 나라는 더 혼란스러워지고

人多伎巧(인다기교): 사람들에게 기교가 많을수록

奇物滋起(기물자기): 요상한 물건이 더 많아지고

法令滋彰(법령자창): 법령이 많아질수록

盜賊多有(도적다유): 도둑은 더 늘어난다.

故聖人云(고성인운): 그러므로 성인이 말하기를

我無爲而民自化(아무위이민자화): 내가 무위하니 백성들이 저절로 화합하고

我好靜而民自正(아호정이민자정): 내가 고요함을 좋아하니 백성들이 저절로 바르게 되고

我無事而民自富(아무사이민자부): 내가 일을 꾸미지 않으니 백성들이 저절로 부유하게 되고

我無欲而民自樸(아무욕이민자박): 내가 욕심을 내지 않으니 백성들이 저절로 소박해진다.

노자 사상의 핵심인 무위지치(無爲之治)의 또 다른 버전이다. 여러 번 나왔는데 굳이 또 반복하는 것은 그만큼 중요하기 때문일 것이다. 첫 세 문장은 해석에서 논란의 여지가 있다. '바름으로 나라를 다스린다'는 첫 번째 문장과 '기이함으로 군대를 통솔한다'는 두 번째 문장을 '무위함으로 천하를 취한다'는 세 번째 문장과 병치관계로 설정하면 그다음 문장과의 연결이 자연스럽지 않게 된다. 그래서 앞 두 문장을 부정적 의미로 보아 '~하지만'으로 맺고 천하 경영에서 무위지치를 강조하는 세 번째 문장에 방점을 찍는 형태로 해석했다.

'기휘(忌諱)'는 금지한다는 뜻이다. 이곳에서는 농사를 짓지 못한다거나 이러이러한 품목은 수입을 금지한다고 하면 민생의 영역이 그만큼 줄어든다. 그래서 금지하는 것이 많으면 백성들이 더욱 가난해진다

고 했다. 조선시대 임금들이 쓰는 이름은 백성들에게 기휘의 대상이었다. 그래서 왕가에서 아들이 태어나면 그 이름을 반드시 한 글자로 지었다. 세종의 이름은 이도, 정조의 이름은 이산이다. 두 글자로 지으면 백성들이 사용할 수 있는 언어가 점점 줄어들기 때문에 이를 배려해 한 글자로 지은 것이다. 《도덕경》에도 그런 흔적이 남아 있다. 초기 판본에 쓰이던 항(恒) 자가 상(常) 자로 바뀐 것은 항 자가 군주의 이름에 쓰임으로써 기휘 대상이 되었기 때문이다.

왕들이 이름에 쓰는 글자 수를 줄인 것은 백성들을 배려한 것이다. 하지만 그 자체로 보면 여전히 유위함의 범주에 머물러 있다. 가장 좋은 것은 기휘 자체를 없애는 것이다. 그것이 무위지치다. 법령도 마찬가지다. 법령을 제정하는 것은 백성들의 삶을 보호하기 위한 조치지만 법령이 많을수록 위반 건수도 늘어나고, 그럼으로써 도둑도 늘어난다. 현실적으로 법령 전체를 없앨 수는 없지만 그 수를 늘리는 것보다 줄이는 것이 백성들에게는 더 나을 수 있다. 선거 때만 되면 정치인들이 규제 철폐와 간소화를 공약으로 들고 나오지만 제대로 실천되지 않는 것은 규제가 곧 권력이기 때문이다. 권력을 놓치고 싶지 않은 정치인들 때문에 정치가 도로부터 멀어지는 것이다.

58장

자유롭게 판단하도록
맡기고 물러나라

禍兮福之所倚(화혜복지소의) 福兮禍之所伏(복혜화지소복)

其政悶悶(기정민민): 정치인들이 한가하면

其民淳淳(기민순순): 백성들이 순박해지고

其政察察(기정찰찰): 정치인들이 분주하면

其民缺缺(기민결결): 백성들이 어리석어진다.

禍兮福之所倚(화혜복지소의): 화에는 복이 기대고 있고

福兮禍之所伏(복혜화지소복): 복에는 화가 엎드려 있다.

孰知其極(숙지기극): 누가 그 지극함을 알 수 있겠는가?

其無正(기무정): 절대적으로 올바른 것이란 없다.

正復爲奇(정복위기): 올바름이 변하여 그른 것이 되고

善復爲妖(선복위요): 선한 것이 변하여 요망한 것이 된다.

人之迷(인지미): 사람의 미혹됨이

其日固久(기일고구): 참으로 오래되었다.

是以聖人方而不割(시이성인방이불할): 그러므로 성인은 모가 나도 자르지 않고

廉而不劌(염이불귀): 날카로워도 벼리지 않고

直而不肆(직이불사): 곧지만 너무 뻗어나가지는 않고

光而不燿(광이불요): 빛나지만 눈부시게 하지는 않는다.

이 장의 주된 메시지도 무위지치다. 앞선 57장의 메시지와 같다. 민민(悶悶)과 찰찰(察察), 순순(淳淳)과 결결(缺缺)은 도와 비도를 대립시켜 전자인 도를 강조하는 노자 특유의 수사적 표현이다. 민민과 순순은 무위지치의 도가 실현되고 있는 상태를 뜻하고, 찰찰과 결결은 유위로 인해 세상이 도에서 멀어지고 있는 상태를 뜻한다. 민민과 찰찰은 20장에서도 나왔다. 노자는 도를 깨우친 자신을 한가롭게 노닐고 있는 민민에 비유했고, 도를 깨우치지 못한 대중들을 분주하게 움직이는 찰찰에 비유했다. 상식적으로 보면 백성들의 삶을 미주알고주알 챙기는 정치인이 더 훌륭하다고 생각하지만, 노자는 오히려 백성들이 알아서 판단하고 행동하도록 내버려두는 정치인이 더 훌륭하다고 말한다. 적극적 개입과 통치보다는 위임과 자치에 더 높은 점수를 준다.

자연이 순환하듯이 백성들의 삶도 순환한다. 배추의 작황이 좋다고 해서 그다음 해에도 똑같이 배추 작황이 좋을 수는 없다. 좋을 때가 있으면 나쁠 때도 있다. 그래서 화에는 복이 기대고 있고 복에는 화가 엎드려 있다고 했다. 작황이 좋은 해에 국가가 나서서 배추를 많이 심으라고 독려하는 것은 이듬해 배추 값의 폭락을 부르는 요인이 된다. 오

랜 세월 자연의 순리에 맞춰서 살아온 백성들이 알아서 판단하도록 놔두는 것이 현명하다. 그게 노자가 말하는 무위지치다. 그래서 성인은 모가 나도 자르지 않고, 날카로워도 버리지 않고, 곧아도 지나치게 뻗어나가지는 않는다고 했다.

제도나 법률은 옳고 그름을 가리는 도구다. 하지만 세상사란 칼로 무를 자르듯이 시비를 딱 부러지게 가릴 수는 없다. '기무정(其無正)', 즉 절대적으로 바른 것, 절대적으로 선한 것은 없기 때문이다. 그러므로 법에만 의존해서 국가를 다스릴 수는 없다. 법을 기반으로 하되 그 것을 넘어서 존재하는 더 큰 지평을 놓치지 말아야 한다. 노자가 말하는 무위지치의 궁극적 지향점도 그러한 곳에 있다 하겠다.

59장

덜어내고 크게 담는 것이 혁신이다

夫唯嗇(부유색) **是以早服**(시이조복)

治人事天莫若嗇(치인사천막약색): 사람을 다스리고 천하를 받드는 데 있어 절약하는 것보다 나은 것이 없다.

夫唯嗇(부유색): 절약하는 일은

是以早服(시이조복): 일찌감치 도를 따르는 것이다.

早服(조복): 일찌감치 도를 따른다는 것은

謂之重積德(위지중적덕): 덕을 두텁게 쌓는 것이다.

重積德(중적덕): 덕을 두텁게 쌓으면

則無不克(즉무불극): 극복하지 못할 것이 없다.

無不克(무불극): 극복하지 못할 것이 없으면

則莫知其極(즉막지기극): 그 끝을 알 수 없다.

莫知其極(막지기극): 그 끝을 알 수 없을 정도가 되면

可以有國(가이유국): 가히 나라를 맡을 만하다.

有國之母(유국지모): 나라의 어머니를 모시면

可以長久(가이장구): 영원할 것이다.

是謂深根固柢(시위심근고저): 이것이 바로 깊은 뿌리, 튼튼한

근본이니

長生久視之道(장생구시지도): 길게 살고 오래 보는 도다.

53장에서 노자는 주체할 수 없을 정도로 많은 금은보화를 쌓아놓고 호의호식하는 지배층들을 신랄하게 꾸짖은 바 있다. 표현은 다르지만 이 장의 핵심 메시지도 53장과 같다. 노자는 절약하는 것이 곧 도라고 말한다. 색(嗇)은 추수한 후에 논에 떨어진 이삭을 주워 통에 담는 것을 형상화한 글자다. 절약한다고 할 때의 절(節) 자를 쓸 수도 있지만 메시지를 최대한 강조하기 위해 '인색할 색' 자를 썼다. 색 자 앞에 벼 화(禾)를 붙이면 '농사지을 색(穡)' 자가 되는데 색(嗇) 자를 색(穡) 자로 봐서 첫 문장을 '사람을 다스리고 천하를 받드는 데 있어 농사를 짓는 것보다 나은 것이 없다'로 해석할 수도 있다. 농사짓는 농부는 논에 떨어진 이삭 한 톨도 소중하게 여기므로 그 의미는 같다.

절약함으로 도를 실천하고, 덕을 두텁게 쌓으면 아무리 어려운 역경이 닥쳐도 능히 극복할 수 있으므로 가히 나라를 맡길 만하다고 했다. 백성들이 이런 군주를 어머니로 모시면 정치는 반석 위에 오르고 나라는 오래도록 평화를 누릴 수 있다.

스페이스엑스는 실리콘밸리를 이끌어가는 또 하나의 혁신기업이

다. 스페이스엑스의 창업자 일론 머스크도 구글의 래리 페이지와 세르게이 브린처럼 버닝맨 사막 축제의 단골손님이다. 일론 머스크는 그곳에서 혁신의 영감을 얻는다. 그의 사고에는 구분과 경계가 없다. 그의 정신은 무(無)의 사막 그 자체다. 땅속으로, 하늘로, 우주로 자유롭게 날아다닌다.

일론 머스크는 우주의 혹독한 조건을 견딜 수 있는 컴퓨터 시스템 개발 비용을 나사(미국항공우주국)의 1,000분의 1 수준으로 낮춰서 완성시켰다. 미국 정부에서 발주한 관련 프로젝트를 수주했을 당시 일론 머스크는 팀장에게 "나사에서 이와 유사한 시스템을 개발하는 데 들어간 비용의 1,000분의 1 수준으로 완성"할 것을 지시했다. 팀장은 고개를 흔들었지만 일론 머스크는 자신의 천체 물리학 지식을 총동원해 그 정도 비용으로도 가능하다는 사실을 입증해 보였다. 결국 팀장은 머스크의 이론적 설명을 토대로 작업을 진행해 1,000분의 1 수준에 근접한 저비용으로 개발을 완성했다. 관료주의에 젖어 있던 나사의 기술자들에게는 상상조차 할 수 없는 일이었다. 일론 머스크는 이 혁신적인 프로젝트를 통해《도덕경》에서 말하는 '절약이 곧 도'라는 사실을 제대로 보여줬다.

60장

맡겼다면 간섭하지 말고 기다려라

治大國若烹小鮮(치대국약팽소선)

治大國若烹小鮮(치대국약팽소선): 큰 나라를 다스릴 때는 작은

생선을 굽듯이 한다.

以道莅天下(이도리천하): 도로써 천하를 다스리면

其鬼不神(기귀불신): 귀신도 어떻게 하지 못한다.

非其鬼不神(비기귀불신): 귀신이 힘이 없기 때문이 아니라

其神不傷人(기신불상인): 힘이 있어도 사람을 해칠 수가 없는 것이다.

非其神不傷人(비기신불상인): 귀신이 사람을 해치지 않으니

聖人亦不傷人(성인역불상인): 성인도 사람을 해치지 않는다.

夫兩不相傷(부량불상상): 양쪽 모두 서로 해치지 않으니

故德交歸焉(고덕교귀언): 그 덕이 서로에게 돌아간다.

무위지치에 대한 정치적 메시지가 계속 이어지고 있다. 작은 생선을

구울 때는 석쇠에 올려놓은 후 노릇노릇 익을 때까지 느긋하게 기다려야 한다. 자꾸 이러저리 뒤집다 보면 살점이 다 떨어져나가 뼈밖에 남지 않는다. 젓가락을 사용해서 뒤집지 않고 기다린다는 것은 아무것도 하지 않는다는 뜻이다. 즉 무위다. 도로써 천하를 다스리면 귀신도 어쩌지 못한다는 것은 무위하므로 귀신의 힘도 작용하지 않는다는 의미다. 귀신이 아무리 신령한 힘을 가지고 있어도 무위를 당할 재간이 없다. 뭔가 유위한 것이 있어야 사람을 돕든 해치든 할 텐데 무위한 상태에서는 외부의 그 어떤 힘도 영향을 미칠 수 없다. 귀신의 힘이 미치지 못하므로 당연히 성인의 힘도 미치지 못한다. 그러므로 무위지치가 이루어지는 곳에서는 성인도 사람을 해치지 못한다.

영화 〈매트릭스〉에서 네오(키아누 리브스 분)는 거듭된 훈련을 통해 자아를 완전히 비우는 무위의 상태로 진입한다. 그런 네오를 해칠 수 있는 것은 아무것도 없다. 미래를 점치는 예언가도, 가상의 세계인 매트릭스를 설계한 아키텍트도 네오를 어쩌지 못한다. 심지어는 날아오는 총알도 네오를 해치지 못한다. 혁신기술의 도가 지극해지면 그 같은 무위가 현실적 수준으로 다가올 수도 있다. 영화 〈매트릭스〉를 관통하는 이론적 토대는 양자물리학이다. 양자물리학에 따르면 양자는 우주의 궁극적인 존재 방식이다. 물리적 에너지를 가진 원자의 운동 상태인 양자는 특정한 관찰자에 의해 포착되기 전까지 우주 내에서 무작위로 존재한다. 양자는 궁극의 무위이며, 양자컴퓨터는 그런 무위를 유위한 세상에 입히는 신묘한 도구다.

61장

스스로 가장 낮아져야
가장 높이 오를 수 있다

大國以下小國(대국이하소국) 則取小國(즉취소국)

大國者下流(대국자하류): 큰 나라는 강의 하류

天下之交(천하지교): 천하가 만나는 지점이고

天下之牝(천하지빈): 천하의 여성이다.

牝常以靜勝牡(빈상이정승모): 여성은 언제나 그 고요함으로 남성을

이긴다.

以靜爲下(이정위하): 고요함으로 스스로를 낮춘다.

故大國以下小國(고대국이하소국): 그러므로 큰 나라는 스스로를

낮춤으로써

則取小國(즉취소국): 작은 나라를 얻고

小國以下大國(소국이하대국): 작은 나라는 아래에서 큰 나라를

섬김으로써

則取大國(즉취대국): 큰 나라를 얻는다.

故或下以取(고혹하이취): 그러므로 혹 아래로 낮춤으로써 취하기도 하고

或下而取(혹하이취): 혹 아래에서 위를 섬김으로써 취하기도 한다.

大國不過欲兼畜人(대국불과욕겸축인): 큰 나라는 사람을 모아 기르고자 하며

小國不過欲入事人(소국불과욕입사인): 작은 나라는 들어가 남을 섬기고자 한다.

夫兩者各得其所欲(부량자각득기소욕): 큰 나라와 작은 나라가 각각 원하는 바를 얻으려면

大者宜爲下(대자의위하): 큰 나라가 먼저 스스로를 낮추어야 한다.

국제관계에서 겸양의 미덕을 강조하고 있다. 특히 강대국이 먼저 스스로를 낮추는 겸양지덕을 발휘할 것을 촉구하는 대목이 인상적이다. 힘이 최고라 믿는 마키아벨리스트들이 보면 코웃음을 칠 테지만 노자의 평화주의 사상에서 겸양은 최고의 덕목이다.

강의 하류와 여성은 겸양을 강조하는 메타포로 쓰였다. 강의 하류는 모든 지류들이 최종적으로 도착하는 지점이고 위치로 볼 때 가장 낮은 지점이다. 8장에서 낮은 곳으로 향하는 물의 미덕을 도에 비유한 것과 같은 맥락이다.

겸양지덕은 강대국에게만 적용되는 윤리적 규범이 아니다. 노자는 약소국가도 강대국에게 스스로를 낮출 것을 주문한다. 그것이 스스로의 안위를 지킬 수 있는 최선이라고 말한다. 아래 하(下) 사가 무려 아

홉 번이나 쓰인 것에서 알 수 있듯이 노자는 강자나 약자 할 것 없이 최상의 미덕은 겸손이라고 결론짓는다.

알리바바의 창업자 마윈은 외모가 보잘 것 없다. 키도 작다. 그러나 그의 포부만큼은 원대하다. 〈포브스〉는 마윈을 중국인으로는 최초로 표지 인물로 선정했다. 그리고 이렇게 덧붙였다.

"마윈은 나폴레옹처럼 키가 작지만, 나폴레옹처럼 큰 포부를 가진 인물이다."

마윈이 설립한 알리바바, 타오바오닷컴, 알리페이 등은 모두 인터넷 기업이다. 이걸 보면 마윈을 스티브 잡스나 래리 페이지 같은 IT 천재로 생각하기 쉽다. 하지만 마윈은 인터넷이나 컴퓨터에 대해 아무것도 모르는 컴맹이었다. 돈도 없었다. 그는 스스로에 대해 이렇게 말한다.

"내가 성공한 비결에는 세 가지가 있다. 첫째, 나는 돈이 없었다. 둘째, 나는 기술을 몰랐다. 셋째, 나는 계획을 세우지 않았다. 내게 있어 최고의 규칙은 '유일하게 변하지 않는 것은 만물이 변화한다는 것'이다."

돈이 없고, 기술을 몰랐기에 그는 스스로를 낮췄다. 남들 앞에서 겸손했다. 무조건 남들에게서 배우려는 자세를 취했다. 성공과 실패에 대해서도 그는 이렇게 말한다.

"나는 성공을 정의할 수 없다. 그러나 실패가 무엇인지는 안다. 성공 여부는 어떤 실패를 경험했느냐에 달려 있다."

지식과 돈, 성공에 대해 오만함을 내려놓고 한없이 겸손했던 마윈은 중국에서 가장 먼저 성공한 IT 기업인이 되었다.

62장

성공에도, 실패에도
의연하게 대하라

道者善人之寶(도자선인지보) **不善人之所保**(불선인지소보)

道者萬物之奧(도자만물지오): 도는 만물의 아랫목이다.

善人之寶(선인지보): 선한 사람의 보물이며

不善人之所保(불선인지소보): 선하지 않은 사람에게는 피난처다.

美言可以市(미언가이시): 미사여구도 쓸 만한 데가 있고

尊行可以加人(존행가이가인): 존경받을 만한 행위도 뭔가 보태는

것이 있는데

人之不善(인지불선): 사람이 선하지 않다 해서

何棄之有(하기지유): 어찌 그를 매정하게 버릴 수 있겠는가?

故立天子(고립천자): 그러므로 천자를 옹립하고

置三公(치삼공): 삼공을 임명할 때

雖有拱璧以先駟馬(수유공벽이선사마): 네 필 말이 끄는 수레를

앞세우고 아름드리 옥을 바치나

不如坐進此道(불여좌진차도): 오히려 무릎을 꿇고 도를 바치는 것만
못하다.

古之所以貴此道者何(고지소이귀차도자하): 옛사람이 이 도를 귀하게
여긴 까닭이 무엇인가?

不曰以求得(불왈이구득): 도로써 구하면 얻지 못할 것이 없고

有罪以免邪(유죄이면사): 죄가 있어도 면할 수 있다고들 하지
않는가?

故爲天下貴(고위천하귀): 그러므로 천하가 이를 귀하게 여기는
것이다.

도의 포용성을 말하고 있는 장이다. '만물지오(萬物之奧)'에서 오(奧)는
아랫목을 뜻한다. 도를 온돌방에서 가장 따뜻한 곳인 아랫목에 비유
한 것이다. 하지만 이 장의 핵심 메시지는 여기에 있지 않다. 뒤에 나오
는 보(保)에 있다. 보는 피난처, 은신처라는 의미다. 도는 선악과 미추,
옳고 그름을 구분하지 않는다. 그래서 선한 사람에게는 따뜻한 아랫목
역할을 하고 악한 사람에게는 자신의 부끄러움을 숨길 수 있는 은신
처가 되어준다. 성경에도 "아버지께서는 악한 사람에게나 선한 사람
에게나 똑같이 햇빛을 주시고 옳은 사람에게나 옳지 못한 사람에게나
똑같이 비를 내려주신다"(마태복음 5장 45절)라는 구절이 있는데, 이는
같은 맥락이다.

'미언가이시(美言可以市) 존행가이가인(尊行可以加人)'은 해석상 논
란이 많은 대목이다. 미언과 존행은 긍정적인 덕목이다. 따라서 대부분

의 논자들은 이 대목을 '아름다운 말은 널리 퍼지고 존경받을 만한 행동은 사람에게 뭔가를 보태준다'로 해석한다. 하지만 이렇게 해석하면 바로 뒤에 나오는 '인지불선(人之不善) 하기지유(何棄之有)'와 자연스럽게 연결되지 않는다. '사람이 선하지 않다고 해서 어찌 그를 버릴 수 있겠느냐?'는 뜻인데, 이 문장과의 호응에 초점을 맞추면 앞의 문장에 나오는 미행과 존행의 의미를 제한하고 전체 문장은 '~조차도 이러한데'라는 한정적 긍정문으로 해석해야 한다. 그래서 여기서는 '미사여구도 쓸 만한 데가 있고 존경받을 만한 행위도 뭔가 보태는 것이 있는데 사람이 선하지 않다고 해서 어찌 그를 매정하게 버릴 수 있겠느냐?'로 해석했다. 이렇게 하면 도의 포용성이라는 이 장 전체의 의미를 제대로 살리면서 앞뒤 문장의 연결도 자연스러워진다.

천자의 옹립식과 제후의 임명식에서 아름드리 옥을 바치는 것보다는 무릎을 꿇고 도를 바치는 것이 낫다는 문장은 정치 지도자가 취임할 때 법령이나 비전을 선포하는 것보다는 만백성을 두루 끌어안는 포용적 리더십을 발휘하겠다는 포부를 밝히는 것이 더 낫다는 의미다.

포용적 리더십은 경청의 리더십과 같은 의미다. 자신과 생각이 다른 사람을 포용한다는 것은 쓴소리도 기꺼이 들을 수 있는 마음의 자세를 갖춘다는 의미다. 실리콘밸리의 대표 기업들과 어깨를 겨룰 수 있는 한국 기업으로는 단연 삼성이 첫 손가락에 꼽힌다. 삼성그룹의 창업자 이병철은 성격이 진득하지 못했다. 초등학교와 중학교를 이리저리 옮겨 다녔고, 일본 와세다대학교 유학생활도 중노에 접었나. 이러한 싱격적 결함이 사업에서는 오히려 유리하게 작용한 측면도 있었다. 변화를 읽고 기민하게 대처하는 데 도움이 되었다.

마산에서 정미소를 시작으로 사업에 뛰어든 이병철은 부동산으로 큰돈을 벌었다. 하지만 중일전쟁이 발발하면서 식산은행 대출이 어려워지고 지가가 폭락하자 그는 미련 없이 부동산을 처분했다. 그리고 곧바로 대구로 거처를 옮겨 삼성상회를 설립했다. 오늘날 삼성그룹의 모태다. 해방 후 무역업의 선두 자리에 오를 정도로 규모가 커졌지만 한국전쟁으로 모든 것은 물거품이 되었다. 하지만 이것이 또 다른 도약의 계기가 되었다. 전쟁이 끝난 후 이병철은 무역업의 틀은 유지하면서 제조업 부문으로 눈을 돌렸다. 1953년 제일제당 설립을 필두로 모직업, 금융업, 중화학공업, 전기전자, 반도체 등에 차례로 진출해 재계 1위 기업이라는 명성을 차곡차곡 쌓아갔다.

1987년 이병철은 그룹의 대권을 이건희에게 물려줬다. 잘 알려져 있듯이 이건희는 말이 어눌하다. 그러나 생각의 속도는 빨랐다. 주위의 흐름, 소음에 휩쓸리지 않고 내면의 소리에 집중하는 능력도 뛰어났다. 이건희는 이러한 자질을 아버지에게 배운 것이라고 말한다. 이병철은 그의 집무실에 늘 목계('나무로 만들어진 닭'이라는 뜻으로, 상대의 온갖 도발에도 동요하지 않고 평정을 유지하는 상태를 말하며, 《장자(莊子)》의 달생편에 나오는 투계(싸움닭)에 대한 우화에서 유래된 말) 그림을 걸어두었다. 이병철은 한학자였던 조부의 영향을 받아 동양고전을 가까이했다. 그래서 《장자》에 나오는 목계 우화를 그림으로 그려 삶의 지침으로 삼았다. 이병철은 이건희에게도 목계 그림을 선물했다.

목계는 차분하다. 주위의 시선, 칭찬이나 비난으로부터 초연하다. 상황이 좋아도, 상황이 나빠도 늘 평정심을 유지한다. 이병철과 이건희는 목계처럼 자신의 마음과 조직을 다스렸다. 이병철, 이건희 부자의 목계 경영은 삼성을 초일류기업의 반열에 올려놓는 인문학적 토양이 되었다. 목계의 또 다른 장점은 경청이다. 목계는 일견 무뚝뚝해 보이지만 타인의 의견에 귀를 기울인다는 점에서 딴청이나 외면, 독선과는 차원이 다르다. 이병철은 그룹의 경영권을 물려받은 후 처음 집무실에 출근한 이건희에게 '경청'이라는 휘호를 써주었다. 말이 어눌한 것은 CEO로서 흠이 될 수 있다. 이건희가 그러한 단점에도 불구하고 삼성이라는 거대한 조직을 단기간 내에 장악할 수 있었던 것은 경청의 리더십으로 그 단점을 훌쩍 뛰어넘었기 때문이다.

63장

마음이 결과를 만든다

天下難事(천하난사) **必作於易**(필작어이)

爲無爲(위무위): 무위로 도모하고

事無事(사무사): 무사로 실행하고

味無味(미무미): 무미로 맛을 본다.

大小多少(대소다소): 큰 것은 작은 것이고 많은 것은 적은 것이며

報怨以德(보원이덕): 덕으로 원한을 갚는다.

圖難於其易(도난어기이): 어려운 일은 쉬울 때 도모하고

爲大於其細(위대어기세): 큰일은 작을 때 시작한다.

天下難事(천하난사): 천하의 어려운 일은

必作於易(필작어이): 반드시 쉬운 일에서 시작되고

天下大事(천하대사): 천하의 큰일은

必作於細(필작어세): 반드시 작은 일에서 시작된다.

是以聖人終不爲大(시이성인종불위대): 그러므로 성인은 끝내 크게

되려 하지 않는다.

故能成其大(고능성기대): 그래서 큰일을 이루는 것이다.

夫輕諾必寡信(부경낙필과신): 무릇 가볍게 수락하면 믿음성이
부족하고

多易必多難(다이필다난): 쉽게 생각하면 반드시 난관에 봉착한다.

是以聖人猶難之(시이성인유난지): 그러므로 성인은 만사를 어렵게
여기고

故終無難矣(고종무난의): 그 때문에 끝내 어려움을 만나지 않는다.

노자가 말하는 무위나 무사는 무위도식한다고 할 때의 무위나 무사태
평하다고 할 때의 무사와 그 의미가 완전히 다르다. 무위도식은 삶의
기본 조건인 노동을 포기한 채 그냥 놀고먹는다는 의미고, 무사태평은
미래에 닥칠 변화나 위기에 대해 아무런 대비를 하지 않는 안일한 자
세를 뜻한다. 노자가 말하는 무위나 무사는 무리수나 편법을 동원하지
않고 순리에 맞춰 자연스럽게 일을 계획하고 추진한다는 의미다. 유위
한 책략이나 유사(有事)한 계획에는 필연적으로 사람의 과도한 욕망이
개입되어 중도에 난관에 봉착하거나 뒤탈을 일으키기 쉽다. 이에 비해
무위나 무사는 적당한 목표와 방법을 설정하고 시기도 적절하게 조절
하므로 순탄하게 일을 끌고 갈 수 있으며, 아무 탈 없이 마무리도 깔끔
하게 할 수 있다.

큰 것이 작은 것이고, 많은 것이 적은 것이라는 문장은 유위의 관점
에서 볼 때는 크고 많아 보이는 것도 무위의 관점에서 보면 작고 적어

진다는 뜻이다. 유위에 개입된 과도한 욕망을 걷어내면 부풀려져 있던 거품이 사라지게 되고 불가능해 보이는 일이 의외로 쉽게 풀리게 된다. 덕으로 원한을 갚는다는 말도 같은 맥락이다. 유위한 도덕률인 법을 들이댈 경우 원한을 갚을 수 있는 것은 비례적 보복밖에 없지만 무위의 도덕률을 적용하면 덕으로 원한을 갚을 수도 있게 된다. 내 자식을 죽인 살인자를 끝까지 응징하는 부모도 있지만, 모든 것을 내려놓은 후 그를 용서하고 자식으로 삼는 부모도 있지 않은가?

어려운 일은 쉬운 일에서 시작되고 큰일은 작은 일에서 시작된다는 문장도 문제를 어려움과 쉬움, 크고 작음으로 구분해서 상대적 난이도를 비교하려는 것이 아니라 무위와 유위를 대비시켜 무위에 방점을 찍기 위한 표현이다. 때로는 큰 것이 무위의 항에 놓일 수도 있고, 반대로 작은 것이 무위의 항에 놓일 수도 있다. 무위하면 큰 문제도 작게 만들 수 있고 어려운 문제도 쉽게 풀 수 있는가 하면, 보잘 것 없어 보이는 것도 크고 위대하게 만들 수 있다. 반대로 유위하면 사소한 문제도 크게 만들 수 있고 크고 위대하던 것도 작고 보잘 것 없게 만들 수 있다.

큰 점수 차로 뒤지고 있던 펜싱 선수가 욕심을 내려놓은 후 빈 마음의 무위함으로 대역전극을 펼쳐 금메달을 목에 건 사례가 있는가 하면, 작은 부품 하나의 결함을 발견하고도 비용을 아끼려는 유위함 때문에 수조 원을 들인 우주선 전체를 날려버린 사례도 있다. 무위는 불가능해 보이는 큰 문제를 쉽게 극복할 수 있는 작은 문제로 만들지만, 유위는 사소해 보이는 작은 문제를 엄청나게 큰 문제로 만들어버린다.

64장

아무리 큰 목표도
작은 걸음으로 끈기 있게 나아가라

千里之行(천리지행) **始於足下**(시어족하)

其安易持(기안이지): 안정된 상태에 있을 때라야 유지하기 쉽고

其未兆易謀(기미조이모): 조짐이 나타나기 전이라야 도모하기 쉽다.

其脆易泮(기취이반): 약할 때가 부수기 쉽고

其微易散(기미이산): 작을 때가 흩어놓기 쉽다.

爲之於未有(위지어미유): 문제가 터지기 전에 단속하고

治之於未亂(치지어미란): 혼란해지기 전에 다스려야 한다.

合抱之木(합포지목): 아름드리나무도

生於毫末(생어호말): 털끝 같은 작은 싹에서 나오고

九層之臺(구층지대): 구층 누대도

起於累土(기어루토): 한 줌 흙이 쌓여 올라가고

千里之行(천리지행): 천 리 길도

始於足下(시어족하): 한 걸음부터 시작된다.

爲者敗之(위자패지): 억지로 하면 실패하고

執者失之(집자실지): 집착하면 잃는다.

是以聖人無爲故無敗(시이성인무위고무패): 성인은 무위하기 때문에 실패하지 않으며

無執故無失(무집고무실): 집착하지 않기 때문에 잃지 않는다.

民之從事(민지종사): 사람이 일을 할 때는

常於幾成而敗之(상어기성이패지): 항상 일이 성사될 쯤에 가서 실패한다.

愼終如始(신종여시): 시작할 때처럼 끝까지 신중하면

則無敗事(즉무패사): 실패하는 일이 없을 것이다.

是以聖人欲不欲(시이성인욕불욕): 그러므로 성인은 욕망하지 않음을 욕망하고

不貴難得之貨(불귀난득지화): 구하기 어려운 재물을 귀하게 여기지 아니하고

學不學(학불학): 배우지 않음으로 배우고

復衆人之所過(복중인지소과): 대중이 간과하기 쉬운 것으로 돌아가서

以輔萬物之自然(이보만물지자연): 만물이 자연스럽게 생성되도록 도와줄 뿐

而不敢爲(이불감위): 억지로 일을 도모하지 않는다.

64장은 내용상 크게 세 부분으로 구성된다. 첫 부분의 메시지는 유비무환이고 가운데 부분의 메시지는 천 리 길도 한 걸음부터, 마지막 부

238

분의 메시지는 또 다시 무위다. 기승전'무위'인 셈이다. 얼음이 살짝 얼어 있을 때는 사람의 손으로도 쉽게 깰 수 있지만 두께가 두꺼워지면 망치로도 깰 수 없다. 개미만 한 작은 구멍 하나가 둑을 무너뜨리듯이 작은 화근 하나가 대참사로 연결되는 사례는 비일비재하다. 64장에서 예를 들었던 우주선 참사도 그런 경우다. 그래서 문제가 크게 불거지기 전에 미리미리 살피고 단속하라는 것이 65장 도입부의 주된 메시지다.

아름드리나무도 작은 싹에서 나오고 천 리 길도 한 걸음부터라는 중간 부분의 내용은 아무리 크고 어려운 일도 차근차근 단계를 밟아 추진하라는 뜻이다. 그러지 않고 성과에 집착해서 일을 서두르다 보면 무리수를 동원하게 되고 결국에는 일이 더 어려워진다. 이것은 64장에서 나온 유위의 책략과 같은 의미를 갖는다. 그래서 65장의 마지막 단락은 자연스럽게 무위지치의 유용함을 다시 한 번 강조하는 쪽으로 향한다. 무위하면 실패하지 않고, 집착하면 실패한다. 집착한다는 것은 유위함으로 무리수를 둔다는 것과 같은 의미다.

아마존의 제프 베조스는 어린 시절부터 우주로 가는 꿈을 키웠다. 2000년 시애틀의 황량한 지역에 그가 세운 블루오리진은 이러한 꿈을 구체적으로 실현하기 위한 첫걸음이었다. 블루오리진은 상업용 우주여행을 모토로 하는 민간 기업이다. 제프 베조스는 이를 위한 우주개발사업을 3단계로 나눠서 진행한다는 계획을 세워놓았다. 1단계는 유료 탑승객을 태우고 우주공간이 시작되는 경계 지점까지 올라가는 것이다. 다음 단계는 우주공간에 진입해 관광객들에게 아름다운 지구와 다른 별들을 감상할 수 있는 기회를 제공하는 것이다. 그리고 궁극적으로는 우주에 인간을 영구히 정착시키는 것이 최종 목표다.

제프 베조스는 나사 출신의 실력 있는 엔지니어들과 우주 과학자들을 다수 영입하여 차근차근 목표를 향해 나아가고 있다. 블루오리진의 슬로건은 그라디팀 페로키테르(Graditim Ferociter), '한 걸음씩 용감하게'라는 뜻을 가진 라틴어다. 블루오리진의 홈페이지에는 회사의 설립 목적과 운영 방침을 다음과 같이 설명하고 있다.

"우리 회사의 설립 목적은 우주 비행 비용을 낮춤으로써 보다 많은 사람들이 우주로 갈 수 있도록 하는 것이다. 이를 위해 우리는 끈기 있게 한 걸음 한 걸음씩 전진한다. 작은 발걸음이라도 더 자주 내딛다 보면 우주는 우리에게 조금씩 조금씩 더 가까워질 것이다."

65장

자신의 선악에만 의지한다면
어리석은 리더가 될 뿐이다

以智治國(이지치국) **國之賊**(국지적)

古之善爲道者(고지선위도자): 예로부터 도를 잘 실천하는 사람은

非以明民(비이명민): 백성을 명석하게 만들지 않고

將以愚之(장이우지): 오히려 어리석게 만들었다.

民之難治(민지난치): 백성을 다스리기가 어려운 것은

以其智多(이기지다): 아는 것이 많기 때문이다.

故以智治國(고이지치국): 지혜로 나라를 다스리면

國之賊(국지적): 나라에 도둑이 들끓고

不以智治國(불이지치국): 지혜를 걷어내고 나라를 다스리면

國之福(국지복): 나라에 복이 있게 된다.

知此兩者亦稽式(지차량자역계식): 이 두 가지를 알면 법도를 깨우칠

수 있다.

常知稽式(상지계식): 항구적인 법도를 깨우친 것을

是謂玄德(시위현덕): 현덕, 즉 깊고 넓은 덕이라 한다.

玄德深矣(현덕심의): 현덕은 깊디깊고

遠矣(원의): 멀어서

與物反矣(여물반의): 사물의 이치에 반하는 것 같지만

然後乃至大順(연후내지대순): 그것이 결국 큰 순리에 이르는 길이다.

《도덕경》가운데 논란이 가장 많은 장이다. 논자들 가운데는 '도를 잘 실천하는 사람은 백성들을 명석하게 만들지 않고 어리석게 만든다'라는 문장과 '백성을 다스리기 어려운 것은 아는 것이 많기 때문이다'라는 문장을 표적으로 삼아 노자의 사상을 우민정치라고 깎아내리기도 한다. 그러나 이러한 해석은 노자를 제대로 읽지 않았거나 의도적으로 폄훼하려는 것에 지나지 않는다.

노자가 말하는 도의 핵심은 사람과 사물을 구분하지 말고 통합적으로 인식하라는 것이다. 선악, 미추, 옳고 그름을 구분하게 되면 세상이 이분법적으로 갈리게 되고 그것이 사회적 혼란의 단초가 되기 때문이다. 위에서 말하는 명석함이나 지식은 도와 대척점에 서 있는 인식에 기초한 것들이다. 즉 사람과 사물을 딱딱 갈라서 이것은 옳고, 저것은 그르다거나 이 사람은 선하고, 저 사람은 악하다거나 하면서 편을 가르는 데 이용되는 정보와 지식, 규범을 일컫는 것이다. 도를 잘 실천하는 사람이 백성들을 어리석게 한다는 것은 백성들로 하여금 이런 구분에 둔감하게 한다는 뜻이다. 바꿔 말하면 세상을 구분하지 않고 통합적으로 인식하게 함으로써 올바른 진리, 밝은 깨달음, 본질 인식에 이르게 한다는 의미다.

지혜로 나라를 다스리면 도둑이 들끓고 지혜를 걷어내면 나라에 복이 있다는 문장에서 말하는 지혜도 같은 맥락이다. 법률에 규정된 지식에 밝은 사람이 많으면 '저 사람은 형법 몇 조 몇 항을 위반했다'는 고소 고발이 끊이지 않는다. 검사나 경찰, 변호사의 수가 많을수록 범죄 건수가 늘어나는 것과 같은 이치다. 그래서 지혜로 나라를 다스리면 도둑이 들끓는다고 했다. 이런 이치를 제대로 깨달으면 도에 이르게 되고 진정으로 덕 있는 사람이 된다. 마지막 문장에서 노자가 현덕(玄德)이라는 것이 워낙 오묘하고 멀어서 일반인들이 오해할 수도 있다는 말을 한 것도 이런 구분적 사고와 지식에 근거한 인식의 한계를 지적한 것이다.

66장

자신을 낮추는 리더가
조직의 신뢰를 얻을 수 있다

欲先民(욕선민) **必以身後之**(필이신후지)

江海所以能爲百谷王者(강해소이능위백곡왕자): 강과 바다가 모든

골짜기의 왕이 될 수 있는 까닭은

以其善下之(이기선하지): 스스로를 잘 낮추기 때문이다.

故能爲百谷王(고능위백곡왕): 그래서 모든 골짜기의 왕이 되는

것이다.

是以欲上民(시이욕상민): 백성들 위에 있고자 하면

必以言下之(필이언하지): 반드시 겸양함으로 스스로를 낮추어야

하고

欲先民(욕선민): 백성들을 앞서고자 하면

必以身後之(필이신후지): 반드시 몸을 그 뒤에 두어야 한다.

是以聖人處上而民不重(시이성인처상이민부중): 그러므로 성인은

위에 있어도 백성들이 그를 무겁게 여기지 않고

處前而民不害(처전이민불해): 앞에 있어도 백성들이 그를 해롭게 여기지 않는다.

是以天下樂推而不厭(시이천하락추이불염): 그래서 천하가 그를 즐거워하면서 싫증 내지 않고

以其不爭(이기부쟁): 다투지 않으니

故天下莫能與之爭(고천하막능여지쟁): 세상 어느 누구도 그와 겨뤄 이길 수 없다.

61장에서는 강대국과 약소국의 국제관계에 있어서 겸양지덕의 중요성을 말했는데 이 장에서는 국내정치에서 지도자가 갖춰야 할 겸양지덕에 대해 말하고 있다. 논조와 수사적 표현 양식은 같다. 골짜기에서 발현된 물은 최종적으로 강과 바다로 수렴된다. 그러므로 강과 바다는 가장 낮은 곳에 처하는 겸양지덕의 은유적 표현으로 사용됐다.

선후관계에서 후(後)도 같은 맥락으로 사용되었다. 높은 곳에 있는 골짜기보다 낮은 곳에 있는 강이나 바다가 왕의 덕목에 가깝듯이 몸을 앞에 두는 것보다는 겸손하게 뒤로 물리는 것이 덕 있는 군주의 바람직한 태도라고 말한다. 군주가 먼저 자신을 낮추면 백성들도 그러한 군주의 리더십에 호응한다. 백성들은 그런 태도를 지닌 군주를 전폭적으로 신뢰한다. 백성의 신뢰를 한 몸에 받는 지도자와 겨뤄서 이길 사람이 누가 있겠는가? 그래서 천하 만민이 그와 함께 즐거워하고, 그의 리더십을 싫증 내지 않고, 감히 다투려 하지 않는다고 했다. 게다가 그 누구도 그런 군주를 이길 수 없다고 했다.

성경에도 "누구든지 자기를 높이는 사람은 낮아지고 자기를 낮추는 사람은 높아질 것이다"(누가복음 14장 11절)라는 구절이 나오는데《도덕경》의 이 장에서 말하는 겸양지덕과 그 의미가 같다.

67장

비우기 때문에
널리 베풀 수 있는 것이다

儉故能廣(검고능광)

天下皆謂我道大(천하개위아도대): 천하의 모든 사람이 이르기를 나의

도는 크지만

似不肖(사불초): 본받을 만한 것은 아니라고 말한다.

夫唯大(부유대): 무릇 크기만 해서

故似不肖(고사불초): 본받을 만하지 못하다는 것이다.

若肖久矣(약초구의): 만약 오래전부터 본받을 만했다면

其細也夫(기세야부): 이미 하찮은 것이 되고 말았을 테다.

我有三寶(아유삼보): 내게는 세 가지 보물이 있는데

持而保之(지이보지): 이를 간직하고 보존한다.

一曰慈(일왈자): 첫째는 자애로움이고

二曰儉(이왈검): 둘째는 검약함이고

三曰不敢爲天下先(삼왈불감위천하선): 셋째는 천하에 앞서려 하지

않는 것이다.

慈故能勇(자고능용): 자애롭기 때문에 능히 용감하고

儉故能廣(검고능광): 검약하기 때문에 널리 베풀 수 있고

不敢爲天下先(불감위천하선): 감히 세상에 앞서려 하지 않기 때문에

故能成器長(고능성기장): 능히 사물을 만들고 키울 수 있다.

今舍慈且勇(금사자차용): 자애를 버린 채 용감하기만 하고

舍儉且廣(사검차광): 검약을 버린 채 베풀기만 하고

舍後且先(사후차선): 뒤에 서지 않고 앞서려고만 한다면

死矣(사의): 이미 죽은 것이다.

夫慈以戰則勝(부자이전즉승): 자애로 싸우면 이기고

以守則固(이수즉고): 자애로 지키면 견고하다.

天將救之(천장구지): 하늘이 장차 사람들을 구하고자 하면

以慈衛之(이자위지): 나는 자애로써 그를 호위한다.

노자가 말하는 도는 상식적으로 이해하기 어렵다. 허황된 소리처럼 들리기도 한다. 노자도 그런 세간의 비판을 알고 있다. 하지만 전혀 의식하지 않는다. 자신의 도가 세인들이 본받을 정도였다면 이미 닳고 닳아 너덜너덜해졌을 것이라며 전혀 개의치 않는 자세를 취한다. 하지만 실용적인 접근을 통해 세인들에게 이해시키려는 노력까지도 게을리하지는 않는다. 이 장에서는 노자의 그러한 의도를 엿볼 수 있다. 물론 차원을 낮춘다고 낮췄지만 평이하게 다가오지는 않는다. 그래서 약간의 해설이 필요하다.

'불초(不肖)'는 같지 않다는 뜻인데 '불초소생(不肖小生)'이라고 말할 때의 그 불초와 의미가 같다. 조상의 덕에 미치지 못하는 못난 자손을 불초소생이라고 하는 것처럼 노자는 자신의 도가 세인들의 이해에 미치지 못한다는 의미에서 불초라고 표현했다. 세인들의 이해에 근접시키기 위해 노자가 동원한 표현이 자애, 검약, 겸양이라는 세 가지인데 자애는 도의 포용성을 나타내고, 검약은 도의 단순성, 순박함을 나타낸다. 겸양은 말 그대로다. 자애는 만물을 태생시키고 품는 어머니의 미덕과 가장 많이 닮았다. 앞서도 자주 나왔지만 어머니는 여성을 뜻하는 빈(牝)과 함께 만물의 시초, 근원을 상징한다. 그래서 세 가지 중에서도 특히 강조하고 있다.

68장

잘 싸우는 사람은 쉽게 화내지 않는다

善戰者不怒(선전자불노)

善爲士者不武(선위사자불무): 훌륭한 무사는 무용을 드러내지 않고

善戰者不怒(선전자불노): 잘 싸우는 사람은 성내지 않는다.

善勝敵者不與(선승적자불여): 훌륭한 승자는 맞서지 않는다.

善用人者爲之下(선용인자위지하): 사람을 잘 쓰는 사람은 스스로를 낮춘다.

是謂不爭之德(시위부쟁지덕): 이를 일러 다투지 않는 덕이라 하고

是謂用人之力(시위용인지력): 용인의 힘이라 하고

是謂配天古之極(시위배천고지극): 하늘을 짝으로 삼는 지극한 일이라 한다.

개인적 차원의 겸양지덕에 대해 말하고 있다. 남들보다 앞서고자 하면 반드시 그 몸을 뒤에 둔다는 66장의 구절을 보충 설명하는 장이다. 춘

추전국시대라는 시대적 특성에 맞게 무인에 초점을 맞춰서 겸양지덕을 강조하고 있는데, 불무(不武), 불노(不怒), 불여(不與)가 핵심 단어다. 무사는 자신의 무를 내세우지 않고, 싸울 때 화내지 않고, 먼저 나서서 대적하지 않는다.

《장자》달생편의 목계(木鷄) 우화에 나오는 싸움닭이 위에서 말하는 불무, 불노, 불여의 덕을 가장 잘 갖추고 있다. 닭싸움을 위해 닭을 훈련시키는 사람이 있었는데 주나라 선왕의 부탁으로 닭을 한 마리 훈련시키게 되었다. 열흘쯤 지나 왕은 그 닭이 싸움을 할 만큼 훈련이 되었는지 물었다. 훈련사는 쓸데없이 허세를 부리고 자기 힘만 믿는다며 조금 더 있어야 한다고 대답했다. 다시 열흘이 지나 왕이 또 물었는데, 훈련사는 다른 닭의 소리나 모습만 보아도 덤벼든다며 조금 더 시간이 필요하다고 말했다. 다시 열흘이 지나 왕이 또 묻자, 훈련사는 상대방을 노려보고, 혈기가 지나치게 왕성하다며 아직 부족하다고 말했다. 그 뒤 다시 열흘이 지나 왕이 묻자, 훈련사는 그제서야 이렇게 대답했다.

"이제 됐습니다. 상대가 울음소리를 내어도 아무 변화가 없습니다. 멀리서 보면 마치 나무로 깎아놓은 닭 같습니다. 그 덕이 온전해진 것입니다. 다른 닭이 감히 상대하지 못하고 돌아서 달아나버립니다."

삼성의 이병철 회장은 자신의 집무실에 늘 목계 그림을 걸어두고 교훈으로 삼았다. 삼성은 창립 이후 한국전쟁와 5.16 군사정변 등 정치적 격변기 속에서 많은 부침을 겪었다. 삼성이 오랜 세월동안 세파를 견디고 한국 경제를 이끌어가는 대표 기업으로 성장할 수 있었던 배경에는 무공을 자랑하지 않고, 화내지 않고, 먼저 나서서 대적하지 않는 목계 경영이 있었다.

한편 스티브 잡스와 앙숙이었던 빌 게이츠 또한 얼음같이 차가운 리더의 자질을 갖추고 있었다. 스티브 잡스와 빌 게이츠는 1955년생 동갑이었다. 하지만 두 사람은 여러 면에서 달랐다. 성장 배경과 학력, 기질, 어느 것 하나 공통분모가 없었다. 마이크로소프트가 전성기를 맞이하기 전, 1980년대 초반까지는 잡스가 갑, 게이츠가 을이었다. MS는 애플용 소프트웨어를 따로 개발했으며 두 사람은 이때까지만 해도 전략적 동맹 관계를 유지했다. 하지만 1983년 빌 게이츠가 그래픽 기반의 인터페이스를 개발한다고 선언할 때부터 동맹 관계가 깨졌다. 잡스는 불같이 화를 내면서 빌 게이츠를 맹비난했다. 빌 게이츠를 자신의 사무실로 불러놓고 잡스는 이렇게 말했다.

"당신은 우리 뒤통수를 치고 있어요. 믿었는데 우리 걸 도둑질하고 있어요."

하지만 빌 게이츠는 흥분하지 않고 이렇게 말했다.

"글쎄요, 스티브. 이 문제는 다른 시각으로 볼 수 있어요. 우리 둘에겐 제록스라는 부유한 이웃이 있었는데, 내가 TV를 훔치려고 그 집에 침입했다가 당신이 이미 훔쳐갔다는 사실을 발견한 것으로 볼 수도 있다는 거죠."

그러면서 빌 게이츠는 잡스를 달래기 위해 MS가 개발하고 있던 윈도를 시연해 보여줬다. 잡스가 이를 '쓰레기'라며 폄하하자, 빌 게이츠는 '근사한 쓰레기'라며 유연하게 받아넘겼다.

69장

경쟁을 피하는 것이 이기는 것이다

抗兵相加(항병상가) **哀者勝矣**(애자승의)

用兵有言(용병유언): 용병에 대해서는 다음과 같은 말이 있다.

吾不敢爲主而爲客(오불감위주이위객): 주인 노릇 하지 않고 손님 노릇 하고

不敢進寸而退尺(불감진촌이퇴척): 한 걸음 전진하지 않고 한 걸음 후퇴한다.

是謂行無行(시위행무행): 이를 일러 행하지 않는 행함이라 한다.

攘無臂(양무비): 팔을 쓰지 않고 물리치고

扔無敵(잉무적): 대적하지 않고 쳐부수고

執無兵(집무병): 병사 없이 사로잡는 것이다.

禍莫大於輕敵(화막대어경적): 적을 가볍게 여기는 것보다 더 큰 화는 없다.

輕敵幾喪吾寶(경적기상오보): 경솔하게 대적하다가는 내 보물만 잃게

된다.

故抗兵相加(고항병상가): 그러므로 군사를 일으켜 서로 맞서 싸울

때에는

哀者勝矣(애자승의): 슬퍼하는 쪽이 승리한다.

31장과 더불어 노자의 평화주의 사상이 가장 잘 드러나는 장이다. 용병이란 군사를 쓰는 일이므로 전쟁이 발발했다는 뜻이다. 춘추전국시대는 전쟁이 일상화된 때였으므로 용병은 먹고 자는 일만큼이나 흔했다. 일반적으로 생각하는 전쟁에서의 승리는 월등한 무력을 앞세워 적을 굴복시키는 것이다. 그러나 노자는 그러한 승리를 진정한 승리라고 보지 않는다. 그 과정에서 무자비한 살육 행위가 동반되고, 백성들의 삶의 터전인 논밭이 피폐해지기 때문이다.

군사를 일으키지 않는 비전(非戰)이 최선이지만 불가피하게 전쟁을 해야 할 경우에도 생명을 가볍게 여기지 말아야 하며 민생의 파괴가 최소화되어야 한다. 그래서 전쟁에서 주인 노릇 하지 말고 손님 노릇 하라고 했으며, 한 걸음 전진하는 대신 한 걸음 후퇴하라고 말한다. 팔을 쓰지 않고, 대적하지 않고, 병사를 부리지 않으면 살인과 민생 침해를 최소화할 수 있으므로 그런 방법으로 적을 물리치고, 쳐부수고, 사로잡으라는 것이다. 그 반대로 하면 큰 화를 당하게 되고, 생명과 재물의 막대한 손실을 초래할 수 있다.

한 걸음 물러나고, 대적하지 않고, 병사를 부리지 않고서 전쟁에 임하는 이유는 평화를 사랑하고 살인과 민생 파탄을 슬퍼하기 때문이다.

그런 평화주의는 도의 입장에서 볼 때 가장 강한 무기다. 간디가 비폭력 평화주의로 영국의 제국주의와 싸워 이겼듯이 무력과 폭력을 슬퍼하는 사람이 궁극적으로 전쟁에서 승리한다. 그래서 슬퍼하는 자가 이긴다고 했다. 성경에서도 말한다.

"슬퍼하는 사람은 행복하다. 그들은 위로를 받을 것이다."(마태복음 5장 4절)

70장

혁신은 가장 알기 쉽고
실행하기 쉬워야 한다

吾言甚易知(오언심이지) **甚易行**(심이행)

吾言甚易知(오언심이지): 내 말은 무척 알기 쉽고

甚易行(심이행): 행하기도 무척 쉽다.

天下莫能知(천하막능지): 그런데 천하가 알지 못하고

莫能行(막능행): 행하지도 못한다.

言有宗(언유종): 말에는 종지가 있고

事有君(사유군): 일에는 중심이 있다.

夫唯無知(부유무지): 사람들이 이를 깨닫지 못하기 때문에

是以不我知(시이불아지): 나를 알지 못하는 것이다.

知我者希(지아자희): 나를 아는 사람이 드물기 때문에

則我者貴(즉아자귀): 나는 더욱 더 귀한 존재가 된다.

是以聖人被褐懷玉(시이성인피갈회옥): 그래서 성인은 거친 삼베옷을
걸치고 있지만 가슴에는 아름다운 구슬을 품고 있는 것이다.

선지자는 고독하다. 알아주는 사람이 없기 때문이다. 예수도, 석가도, 마호메트도 그런 고독을 경험했다. 70장에서 노자는 선각자로서 느끼는 고독감을 말하고 있다. 자신이 말하는 도라는 것이 알고 보면 무척 쉽지만 사람들은 어렵게만 생각하고 실천하려 하지 않는다고 말한다. 이것은 푸념이 아니라 연민이다. 대중에 대한 사랑의 표현이다. 알아주는 사람이 없지만 스스로에 대한 신뢰를 거두지 않는다. 도를 포기하지도 않는다. 자신을 아는 사람이 드물기 때문에 자신이 더욱 더 귀한 존재가 된다는 말에는 진리에 대한 강한 자기확신이 감춰져 있다. 성인이 거친 삼베옷을 걸치고 있지만 가슴 속에는 아름다운 구슬을 품고 있다는 문장에도 도에 대한 노자의 자긍심이 짙게 배여 있다.

실리콘밸리의 혁신을 이끌고 있는 기술의 도(道)도 무척 쉽고 간단하다. 스티브 잡스의 미니멀리즘, 구글의 검색 엔진, 아마존의 에브리싱스토어는 심플하고 알기도 쉽다. 마이크로소프트의 윈도 체계는 누구나 쉽게 접근할 수 있다. 하지만 이 혁신기술들이 처음 등장했을 때 그 가치를 제대로 알아본 사람은 많지 않았다. 그런데 지금은 어떤가? 누구나 쉽고 편리하게 이용한다. 노자의 《도덕경》을 영어로 옮겨놓은 것을 읽어보면 의외로 쉽다. 한글 번역본보다 더 쉽게 와닿는다. 2500년 전 노자는 자신의 도를 이해하지 못하는 세인들을 보면서 안타까워했지만 오늘날 실리콘밸리의 천재들에게 노자의 도는 그지없이 귀한 선물이 되고 있다. 《도덕경》은 혁신에 무한한 영감을 주는 마르지 않는 샘이다.

알지 못한다는 사실을 깨닫는 것이
가장 잘 아는 것이다

知不知上(지부지상) **不知知病**(부지지병)

知不知上(지부지상): 알지 못한다는 것을 아는 것이 가장 훌륭하다.

不知知病(부지지병): 알지 못하면서 안다고 하는 것은 병이다.

夫唯病病(부유병병): 병을 병으로 알 때만

是以不病(시이불병): 병이 되지 않는다.

聖人不病(성인불병): 성인은 병이 없다.

以其病病(이기병병): 병을 병으로 알기 때문에

是以不病(시이불병): 병이 없다.

71장은 《도덕경》 중에서 가장 짧막한 장 중 하나다. 총 28자로 구성되어 있는 짧은 장이지만 그것이 함축하고 있는 뜻은 280자 아니 2,800자 이상이다. 그래서 논자에 따라 해석도 다양하다. 여기서는 가장 많은 논자들이 취하는 해석에 따라 '지부지상(知不知上)'을 '알지 못한다는 것을 아는 것이 가장 훌륭하다'라고 해석했다. 그것이 가장 자연스럽다고 봤기 때문이다. 노자에 따르면 자신이 어떤 사물이나 진리에 대해 알지 못한다는 사실을 깨닫는 것이 최상의 지식이다.

《논어》 위정편에 나오는 '아는 것을 안다 하고 모르는 것을 모른다고 하는 것, 그것이 곧 아는 것'이라는 구절도 지부지상과 그 의미가 같다. 고대 그리스 델포이의 아폴론 신전(神殿) 현관 기둥에 새겨져 있는 '너 자신을 알라'는 문구도 의미가 일맥상통한다. 지부지상을 이렇게 해석하면 뒤에 나오는 구절들은 쉽게 정리된다. 알지 못한다는 사실을 깨닫는 것이 가장 훌륭하므로 알지 못한다는 사실을 깨닫지 못하는 것은 참된 지식이라 할 수 없다. 한 걸음 더 나아가 알지도 못하면서 안다고 하는 것은 무지한 상태를 넘어 병적인 상태라고 진단할 수 있다. 그래서 '부지지병(不知知病)'이라 했다.

동양의 노장사상은 스티브 잡스에게만 영향을 미친 것이 아니었다. 또 한 명의 동양철학 예찬론자가 있다. 바로 오라클의 CEO 래리 엘리슨이다. 엘리슨은 우드사이드의 저택에 동양철학을 입혔다. 공기와 토양, 시간, 물, 나무 등 다섯 가지 요소들이 상호 균형을 이루도록 설계했다. 저택에는 활터도 구비되어 있다. 엘리슨은 수많은 염문을 뿌리고 다니는 플레이보이지만 기술에서는 빌 게이츠와 어깨를 나란히 하는 실력파로 한때 실리콘밸리의 간판스타였다. 관계형 데이터베이스라 불리는 오라클의 소프트웨어는 군부대나 정부기관, 굵직굵직한 대기업 등에 중요 데이터베이스를 구축하고 있다. CIA가 유럽에서 활동하고 있는 요원들 가운데 누가 이스라엘의 네타냐후와 동문인지 알고 자 할 때 이용하는 프로그램이 오라클의 데이터베이스다.

오라클이라는 이름부터 예사롭지 않다. 오라클은 델포이에서 신탁 을 담당하는 여신의 이름이다. 영화 〈매트릭스〉에서 수더분한 아줌마 로 나오는 예언자의 이름도 오라클이다. 그래서 그녀가 쿠키를 굽고 있는 주방에는 델포이 입구에 걸려 있는 것과 똑같은 '그노티 세아우 톤(Gnōthi seauton)'이라는 글귀가 새겨져 있다. '너 자신을 알라'는 뜻 의 그리스어다. 오라클은 네오(키아누 리브스 분)에게 그가 세상을 구원 할 '그'라는 확신을 주지 않지만 네오는 그 글귀를 유심히 본 후 자신 에 대한 믿음을 가진다. 그리고 마침내 매트릭스에 갇힌 세상을 구원 한다. 실리콘밸리의 혁신기술은 우리가 우리 자신을 알 수 있도록 해 준다. 아는 것은 안다고 하고, 모르는 것은 모른다고 해준다. 모르는 것 을 안다고 하면 금세 들통이 난다. 그래서 실리콘밸리의 혁신기술은 도(道)다.

72장

구성원이 즐거워해야
신망 받는 리더가 된다

夫惟不厭(부유불염) 是以不厭(시이불염)

民不畏威(민불외위): 백성들이 위험을 두려워하지 않으면

則大威至(즉대위지): 지도자가 큰 위험에 이르게 된다.

無狎其所居(무압기소거): 백성들의 주거지를 함부로 제한하지 말고

無厭其所生(무염기소생): 백성들의 삶을 싫증 나게 하지 마라.

夫惟不厭(부유불염): 백성들을 싫증 나게 하지 않아야

是以不厭(시이불염): 백성들도 지도자를 싫증 내지 않는다.

是以聖人(시이성인): 이 때문에 성인은

自知不自見(자지부자견): 스스로 알고 있으면서도 자신을 드러내지
않고

自愛不自貴(자애부자귀): 스스로 사랑하면서도 자신을 귀하게
여기지 않고

故去彼取此(고거피취차): 저것을 버리고 이것을 취한다.

국가 경영에서의 무위지치를 강조하고 있다. '백성들이 위험을 두려워하지 않으면 지도자가 큰 위험에 이르게 된다'는 첫 번째 문장은 '호미로 막을 것을 가래로 막는다'는 속담을 생각하면 의미가 쉽게 와닿는다. 백성들이 위험을 두려워하지 않으면 국가에 저항하게 되고, 지도자는 더 큰 위험에 빠진다. 그러니 처음부터 백성들의 노여움을 살 정책을 펴지 말라는 것이다.

백성들이 왜 그런 저항을 하게 되는지 그 이유는 다음 문장에 나오는데, 한마디로 지도자가 무위하지 않고 유위하기 때문이다. 백성들의 주거지를 제한한다거나 삶을 싫증 나게 하는 것이 주된 이유다. 주택 정책에서 정부가 지나치게 시장에 개입한다거나 세금을 지나치게 높이면 백성들의 원성을 사게 되고 백성들을 싫증 나게 한다. 무위한 정책으로 백성들을 싫증 나게 하지 않으면 백성들도 지도자를 싫증 내지 않는다. 알고 있으면서도 드러내지 않는다거나 사랑하면서도 귀하게 여기지 않는다는 것은 유위한 정책보다는 무위한 정책이 효율적임을 강조하는 문장이다. 그래서 성인은 저것(유위)을 버리고 이것(무위)을 취한다고 했다.

73장

겨루지 않고도 잘 이기는 것이
리더의 지혜다

天之道(천지도) 不爭而善勝(부쟁이선승)

勇於敢則殺(용어감즉살): 과감하게 용기를 내면 죽임을 당하고

勇於不敢則活(용어불감즉활): 과감하게 용기를 내지 않으면

살아남는다.

此兩者或利或害(차량자혹리혹해): 이 둘 가운데 하나는 이롭고

하나는 해로운 것이다.

天之所惡(천지소오): 하늘이 왜 싫어하는지

孰知其故(숙지기고): 누가 그 까닭을 알까?

是以聖人猶難之(시이성인유난지): 성인도 오히려 그것을 어렵게

여긴다.

天之道(천지도): 하늘의 도는

不爭而善勝(부쟁이선승): 겨루지 않고도 잘 이기는 것이고

不言而善應(불언이선응): 말하지 않고도 잘 응대하는 것이다.

不召而自來(불소이자래): 부르지 않아도 저절로 찾아오고

繟然而善謀(천연이선모): 띠를 길게 늘어뜨리고도 맵시 있게 잘 꾸미는 것이다.

天網恢恢(천망회회): 하늘의 그물은 광대하여

疏而不失(소이불실): 엉성한 것 같지만 하나도 빠뜨리지 않는다.

싸우지 않고 이기는 부쟁지덕(部爭之德)에 대해 말하고 있다. 68장에서도 나왔듯이 부쟁지덕의 핵심은 나의 무공을 자랑하지 않고, 경솔하게 나서지 않는 것이다. 여기서도 노자는 섣부른 용기를 경계하고 있다. 울컥하는 마음에 선불리 나섰다가는 죽음을 면치 못하고, 신중하게 몸을 아끼면 목숨을 건진다고 말한다. 용(勇) 자를 썼지만 이 장의 메시지를 감안할 때 이것은 진정한 용기가 아니라 만용으로 봐야 한다.

만용은 과도하게 넘치는 용기다. 도는 극단적인 것을 배제하기 때문에 하늘이 만용을 싫어한다고 했다. 과유불급이라고 했듯이 하늘의 도는 지나침보다는 조금 모자라는 데 있다. 그래서 겨루지 않고 이기는 것, 말하지 않고 응대하는 것, 부르지 않고 오게 하는 것에 도가 있다고 말한다. 그렇게 하면 싸움에서 패할 것 같지만 궁극적으로 도의 오묘한 작용으로 이긴다는 것이다. 그래서 하늘의 그물이 광대해서 엉성한 것 같지만 하나도 빠뜨리지 않는다고 했다.

오늘날의 자동차는 과거의 자동차와 많이 다르다. 인공지능을 탑재한 자율 주행 자동차가 도로를 달리고 있고, 사람들은 손 하나 까딱하

지 않고 자동차에서 편히 누워 휴식을 취하거나 업무를 볼 수도 있다. 이런 변화는 10년 후 정도면 보편화된다는 것이 전문가들의 지적이다. 따라서 포드나 도요타, 현대, 크라이슬러와 같은 자동차 제조사들은 이제 더 이상 단순한 제조사가 아니라 준IT기업이다. 향후 벤츠의 가장 큰 적은 BMW나 아우디가 아니라 구글이나 아마존이 될 가능성이 높다.

리 아이어코카는 이탈리아 출신의 이민자였다. 프린스턴대학교에서 기계공학 석사과정을 마친 리 아이어코카는 포드자동차에 평사원으로 입사한다. 판매부서에서 탁월한 능력을 발휘해 입사한 지 25년 만에 포드자동차의 CEO에 취임한다. 그러나 오너인 헨리 포드 2세와 갈등을 겪은 끝에 1978년 회사를 떠난다. 당시 아이어코카가 지휘하는 포드는 실적이 좋았다. 2년 연속 큰 액수의 흑자를 기록했다. 그러나 자신의 사후 아이어코카가 회사를 장악하는 것을 원치 않았던 헨리 포드 2세가 그를 해고시킨 것이다. 그 과정에서 포드 2세는 온갖 야비한 방법을 동원했다.

포드 2세는 아이어코카를 해임시킨 후 그가 새로운 직장을 구할 때까지 3개월간 근무할 사무실을 제공해줬는데, 그 사무실이 낡은 창고였다. 아이어코카는 분노했지만 포드 2세와 정면으로 맞서지 않았다. 그는 싸우지 않고도 포드 2세를 이기는 방법을 찾았다. 크라이슬러의 CEO에 취임한 아이어코카는 난파 직전의 크라이슬러를 극적으로 회생시킨다. 1983년 포드가 6억 6,000만 달러의 적자를 기록할 동안 크라이슬러는 9억 2,000만 달러의 흑자를 기록했다. 싸우지 않고 포드 2

세에게 한 방 시원하게 날린 것이다. 리더십을 인정받은 아이어코카는 대중적인 인기를 얻어 미국의 대통령 후보군에까지 이름을 올리기도 했다.

74장

권력으로 사람을 벌하면
스스로 화를 입게 된다

夫代大匠斲者(부대대장착자) 希有不傷其手矣(희유불상기수의)

民不畏死(민불외사): 사람이 죽음을 두려워하지 않는데

奈何以死懼之(내하이사구지): 어떻게 죽음으로 그들을 겁줄 수

있겠는가?

若使民常畏死而爲奇者(약사민상외사이위기자): 백성들이 죽음을

두려워하도록 하는 이상한 짓을 하는 자가 있는데

吾得執而殺之(오득집이살지): 내가 만일 그를 잡아서 죽인다고 하면

孰敢(숙감): 그 자로 하여금 죽음을 두려워하게 할 수 있겠는가?

常有司殺者殺(상유사살자살): 언제나 사형을 집행하는 사람이 있어

사람을 죽이는데

夫代司殺者殺(부대사살자살): 사형 집행인을 대신해서 사람을 죽이는

것은

是謂代大匠斲(시위대대장착): 말하자면 목수를 대신해서 대패질을

하는 것과 같다.

夫代大匠斲者(부대대장착자): 목수를 대신해서 대패질을 하면서

希有不傷其手矣(희유불상기수의): 손에 상처를 입지 않는 일은

드물다.

사형제도에 대한 노자의 생각을 말하고 있다. 역시 결론은 무위다. 사
람에게 있어 가장 소중한 것이 생명이고 생명은 빈부귀천에 상관없이
누구에게나 하나다. 하나뿐인 그 생명을 빼앗아가는 일을 사람의 손에
맡길 수는 없다는 것이 노자의 기본 철학이다. 그러면 사형은 누구에
게 맡겨야 하는가? 하늘, 즉 도다. 사형은 하늘의 섭리에 맡기고 국가는
무위해야 한다고 보는 것이다.

미셸 푸코가 말했듯 근대국가는 감옥이라는 장치와 사형제도를 통
해 국민들을 공포에 떨게 하고 이를 통해 사회질서를 유지하고 통치의
효율성을 높이고자 했다. 그러나 현대국가에 들어와서 사형은 차츰 폐
지되는 추세에 있다. 유럽의 대다수 국가들은 제도적으로 사형을 폐지
했고, 그 외 많은 국가들도 형벌로서는 존속시키지만 집행을 보류하는
방식으로 사실상 사형을 폐지했다. 한국도 후자에 속한다.

사형제도가 있어도 효과를 발휘하지 못하는 근거를 노자는 종교인
들의 순교적 행태에서 찾고 있다. 기독교가 공인되기 전 로마시대에
기독교인들은 사자에게 물려 죽으면서도 신앙을 포기하지 않았다. 죽
음도 그들을 두렵게 하지 못했던 것이다. 춘추전국시대에도 그런 유형
의 인물들은 많았다. 묵가를 따르는 무리들이 대표적이다. 노자도 그들

을 보았을 것이다. 그래서 '사람이 죽음을 두려워하지 않는데 어떻게 죽음으로 그들을 겁줄 수 있겠느냐?'고 반문한다.

이처럼 사형제도는 실효성이 없고 반인륜적이므로 폐지하고 하늘의 손(사형 집행인)에 맡겨야 한다는 쪽으로 결론을 내린다. 목수를 대신해서 대패질을 하면 손에 상처를 입는다는 문장은 섭리에 따른 사형 집행인인 하늘을 대신해서 국가가 인위적으로 사형을 집행하면 부작용이 생긴다는 뜻이다.

75장

리더가 일을 주도하면
구성원들이 고달프다

民之難治(민지난치) **以其上之有爲**(이기상지유위)

民之饑(민지기): 백성이 굶주리는 것은

以其上食稅之多(이기상식세지다): 위에서 세금을 너무 많이 걷기 때문이다.

是以饑(시이기): 그 때문에 굶주리는 것이다.

民之難治(민지난치): 백성을 다스리기 어려운 것은

以其上之有爲(이기상지유위): 윗사람이 뭔가를 하려고 하기 때문이다.

是以難治(시이난치): 그 때문에 다스리기 어려운 것이다.

民之輕死(민지경사): 백성이 죽음을 가볍게 여기는 것은

以其上求生之厚(이기상구생지후): 윗사람이 지나치게 삶에 집착하기 때문이다.

是以輕死(시이경사): 그 때문에 죽음을 가볍게 여기는 것이다.

夫唯無以生爲者(부유무이생위자): 삶에 집착하지 않는 사람은

是賢於貴生(시현어귀생): 삶을 귀하게 여기는 사람보다 더 현명하다.

조세정책을 비롯한 국가정책을 시행함에 있어 무위지치의 중요성을 말하고 있다. 노자의 사상은 모든 영역에서 무위로 수렴된다. 백성들을 고달프게 하는 것은 지도자의 유위함이다. 유위함의 양태는 다양하지만 위 문장에서의 핵심은 '식세지다(食稅之多)', 즉 과다한 세금 징수다. 나라에서 세금을 지나치게 많이 걷으면 백성들은 굶주린다. 뒤에 이어지는 유위(有爲)나 삶에 대한 집착(求生之厚), 삶을 귀하게 여기는 태도(貴生) 등은 모두 지도자의 유위를 비판하는 문구들이다. 국가의 정책은 백성들의 삶을 개선한다는 슬로건 아래 추진되지만 결국 그 안에는 지도자의 욕망이 개입되어 있다. 그러한 욕망은 지도자 자신의 이름을 빛내거나 자신이 정한 삶의 비전을 고양시키는 수단이다. 이런 이유로 노자는 지도자가 자신의 삶에 집착한다거나 삶을 귀하게 여기는 태도를 유위함으로 보고 비판한다.

스티브 잡스가 애플에서 쫓겨난 데는 그의 완벽주의가 한몫했다. 잡스는 제품의 수준이 그가 만족하는 선에 도달할 때까지 엔지니어들을 몰아붙였다. 애플 직원들은 통념과 상식을 과도하게 벗어나는 잡스의 완벽주의를 '현실왜곡장(동료들에게 확신을 심어주고 몰아붙여 불가능한 일을 하게 만드는 리더십)'이라고 표현한다. 잡스의 완벽주의는 현실을 왜곡시키는 위험을 안고 있지만, 동시에 실제로 현실을 바꾸는 강력한 원

동력으로 작용하기도 했다.

잡스는 매킨토시 운영체제 개발을 담당하던 래리 케니언에게 부팅 속도가 너무 느리다며 불평을 늘어놓았다. 하지만 래리는 매킨토시의 특성상 그럴 수밖에 없다고 변명했다. 그러자 잡스는 이렇게 말했다.

"만약 그걸로 한 사람의 목숨을 살릴 수 있다면 부팅 시간을 10초 줄일 수 있는 방법을 찾을 수 있겠는가?"

래리가 고개를 끄덕이자 잡스는 화이트보드에 숫자를 적으면서 이렇게 말했다.

"맥 사용자가 500만 명이고 부팅 시간을 10초 절약할 수 있다면 연간 3억 분을 절약할 수 있다. 이건 100명의 일생에 해당되는 거야."

래리는 감동을 받았고 몇 주일 후 그는 부팅 시간을 28초 단축시켰다. 지도자가 일을 꾸미면 백성들은 고달파진다. 하지만 그러한 리더가 혁신을 창조한다. 자신의 욕심을 채우기 위해, 자신의 이름을 드러내기 위해 일을 꾸미는 지도자는 비판받아 마땅한 유위의 리더다. 하지만 혁신을 추구하는 과정에서 지도자가 일을 꾸미는 것은 그런 차원과 다르다. 잡스의 경우가 그러했다.

76장

리더는 인재를 떠받치는
든든한 버팀목이 되어야 한다

兵强則不勝(병강즉불승) 木强則折(목강즉절)

人之生也柔弱(인지생야유약): 사람이 살아있을 때는 부드럽고
약하지만

其死也堅强(기사야견강): 죽으면 단단하고 강하다.

萬物草木之生也柔脆(만물초목지생야유취): 풀과 나무 같은 만물도
살아있으면 부드럽고 연하지만

其死也枯槁(기사야고고): 죽으면 말라비틀어진다.

故堅强者死之徒(고견강자사지도): 그러므로 단단하고 강한 것은
죽음의 무리고

柔弱者生之徒(유약자생지도): 부드럽고 약한 것은 생명의 무리다.

是以兵强則不勝(시이병강즉불승): 그래서 군대가 강하면 이기지
못하고

木强則折(목강즉절): 나무가 강하면 꺾이고 만다.

強大處下(강대처하): 강하고 큰 것은 밑에 놓이고

柔弱處上(유약처상): 부드럽고 약한 것은 위에 놓이게 된다.

도와 비도(非道)를 부드럽고 약한 것과 단단하고 강한 것에 대비시켰다. 이런 대비는 앞에서도 자주 나왔다. 36장에서는 부드럽고 약한 것이 강하고 단단한 것을 이긴다고 했고, 43장에서는 천하의 지극히 부드러운 것이 천하의 지극히 견고한 것을 뚫는다고 했다.

어린아이의 손과 근육은 약하고 부드럽지만 생명의 기운이 넘친다. 노자가 도를 어린아이에 자주 비유하는 것은 도가 함축하고 있는 생명의 기운을 강조하기 위해서다. 도는 어린아이처럼 부드럽고 약하지만 생명의 기운이 성성하다. 도가 성하면 생명의 기운이 성한 것이고, 도가 쇠하면 생명의 기운이 쇠한 것이다. 그래서 단단하고 강한 것은 죽음의 무리고, 약하고 부드러운 것은 생명의 무리라고 했다. 군대가 강하면 이기지 못하고, 나무가 강하면 부러지는 것도 생명의 기운이 쇠했기 때문이다.

'강하고 큰 것은 밑에 놓이고 부드럽고 약한 것은 위에 놓이게 된다'는 것을 위나라의 노장철학자였던 왕필은 나무를 비유로 들어 나무뿌리나 밑동처럼 강하고 큰 것은 밑자리에 있을 수밖에 없고, 줄기나 잎사귀는 윗자리에 있을 수밖에 없는 것과 같다고 했다. 밑자리에 있는 오래된 생명이 새롭게 생성되는 생명을 떠받치는 원리를 말한 것이다. 부모 자식의 관계도 이와 같다. 부모는 오래된 생명이고 자식은 뻗어나가는 새로운 생명이다. 그래서 부모는 밑자리에서 윗자리에 있는 자식을 떠받친다.

실리콘밸리에도 오래된 기술이 있고 새로운 기술이 있다. 진공관, 트랜지스터, 집적회로, IBM의 컴퓨터 같은 것들은 오래된 기술이고, 애플의 스마트폰과 구글의 검색 알고리즘, 아마존웹서비스 그리고 이들에 기반한 인공지능, 사물인터넷 같은 것들은 새로운 기술이다. 실리콘밸리가 곡신불사(谷神不死)의 계곡으로 그 생명력을 유지하는 것은 오래된 기술들이 그 밑자리에서 새로운 기술들을 잘 떠받치고 있기 때문이다. 시간이 지나면 오늘날의 새로운 기술들이 밑자리를 차지하고 양자역학, 우주인터넷과 같은 또 다른 새로운 기술들이 윗자리를 차지할 것이다. 혁신에 혁신을 거듭함으로써 실리콘밸리는 궁극적으로 우주 만물의 경계를 허물고 모든 것을 하나로 연결하게 될 것이다. 그것이 바로《도덕경》에서 말하는 하나(一)의 도다.

77장

균형과 균등을 유지하는 것이
리더의 감각이다

天之道損有餘而補不足(천지도손유여이보부족)

天之道(천지도): 하늘의 도는

其猶張弓與(기유장궁여): 활시위를 당기는 것과 같다.

高者抑之(고자억지): 높은 것은 억누르고

下者擧之(하자거지): 낮은 것은 들어 올린다.

有餘者損之(유여자손지): 남으면 덜어주고

不足者補之(부족자보지): 모자라면 보태준다.

天之道損有餘而補不足(천지도손유여이보부족): 하늘의 도는 남는

데서 덜어내어 모자라는 데에 보태지만

人之道則不然(인지도즉불연): 사람의 도는 그렇지 않아

損不足以奉有餘(손부족이봉유여): 모자라는 데서 덜어내어 남는 데에

바친다.

孰能有餘以奉天下(숙능유여이봉천하): 남도록 가진 사람으로 천하를

위해 봉사할 수 있는 사람이 누구겠는가?

唯有道者(유유도자): 오로지 도 있는 사람만이 그렇게 할 수 있다.

是以聖人爲而不恃(시이성인위이불시): 그러므로 성인은 이루지만 기대려 하지 않고

功成而不處(공성이불처): 공을 쌓으나 그 공을 내세우지 않으며

其不欲見賢(기불욕견현): 자기의 현명함을 드러내려고 하지 않는다.

활시위를 당기는 장면을 인용해 공정하고 균등한 분배라는 경제정의에 대해 말하고 있다. 활은 반달 모양으로 되어 있는데 화살을 장전해 시위를 당기면 가운데 윗부분의 둥근 현이 아래로 당겨지고 좌우 양쪽 날개 부분의 현은 위로 조금 부풀어 오른다. 그런 것처럼 경제정의란 여유 있는 사람의 몫을 덜어내 가난한 사람에게 채워주는 것이라는 내용이다. 그다음 문장들은 평이해 특별히 해설을 붙이지 않아도 뜻이 잘 전달된다.

성인은 이루지만 기대려 하지 않고 공을 쌓지만 그 공을 내세우지 않는다는 부분은 앞에서도 자주 나왔는데 가진 자들의 겸양지덕을 강조하면서 경제정의에 관한 메시지를 보충하고 있다. 노자의 이러한 생각은 공정으로서의 정의를 주장한 존 롤스의 경제정의 관념과 일치한다. 《논어》에서 말하는 경제정의도 이와 같은데 옹야편에서 공자는 이렇게 말한다.

"군자는 화급한 사람을 먼저 챙기지 부자에게 더 많은 부를 얹어주지 않는다."

그러면서 공자는 노나라에서 가장 부자인 계 씨 밑에서 재정을 총괄하는 장관으로 일하고 있던 염유라는 제자가 계 씨를 위해 한 푼이라도 세금을 더 걷기 위해 백성들을 쥐어짜자 그를 자신의 문하에서 쫓아낸다.

78장

리더는 비난과 비판을
받아들여야 한다

正言若反(정언약반)

天下莫柔弱於水(천하막유약어수): 천하에 물보다 더 부드럽고 약한 것은 없다.

而攻堅强者(이공견강자): 단단하고 강한 것을 공격하는 데는

莫之能先也(막지능선야): 물보다 나은 것이 없다.

以其無以易之也(이기무이역지야): 물을 대체할 만한 것이 없으니

故水之勝剛也(고수지승강야): 물이 강한 것을 이기기 때문이다.

弱之勝强(약지승강): 약한 것이 강한 것을 이기고

柔之勝剛也(유지승강야): 부드러운 것이 단단한 것을 이기는 것은

天下莫不知也(천하막부지야): 천하에 알지 못하는 사람이 없지만

而莫能行也(이막능행야): 능히 이를 실천하는 사람은 없다.

故聖人之言云曰(고성인지언운왈): 그러므로 성인은 말하기를

受國之垢(수국지구): 나라의 치욕을 자신의 것으로 받아들이는

사람을

是謂社稷之主(시위사직지주): 사직의 주인이라 하고

受國之不祥(수국지불상): 나라의 상서롭지 못한 것을 받아들이는

사람을

是謂天下之王(시위천하지왕): 천하의 왕이라 일컬으니

正言若反(정언약반): 바른 말은 거꾸로 들리는 법이다.

세상에서 물을 이기는 것은 없다. 아무리 높은 산도 물에 잠기면 소용이 없다. 물이 거대한 세력으로 변한 쓰나미가 밀려오면 세상은 모두 끝장난다. 손으로 만지면 가장 부드럽고 약한 물질이 물이지만, 물을 이기는 것은 없다. 가장 부드럽고 약한 물이 가장 강하고 단단한 것을 이긴다. 물의 이러한 속성에 대해서는 앞서도 자주 언급했는데 노자가 이 장에서 특히 강조하는 것은 이러한 원리를 현실에서 실천하는 사람이 없다는 것이다. 물의 위력을 다 알고는 있지만 물의 미덕을 닮으려고 하지는 않는다는 것이다. 그래서 부드러운 것이 단단한 것을 이기는 것은 천하에 알지 못하는 사람이 없지만 능히 이를 실천하는 사람은 없다고 말한다.

8장에서도 나왔듯이 노자가 물의 대표적인 미덕으로 꼽는 것이 자신의 몸을 낮추고 험한 일도 마다하지 않는 것이다. 나라의 치욕을 자신의 것으로 받아들이는 사람을 사직의 주인이라 하고, 천하의 상서롭지 못한 것을 받아들이는 사람을 천하의 왕이라고 일컫는다는 것은 물이 가진 미덕을 실천하면 한 나라의 왕이 될 수 있고 나아가 천하를 손

에 넣을 수도 있지만 실제로 그렇게 하는 사람은 없다는 뜻이다. '정언
약반(正言若反)', 즉 바른 말은 거꾸로 들린다는 마지막 문장은 자신이
설파하는 메시지가 상식적으로는 거꾸로 들리지만 그것이 올바른 진
리라는 뜻이다.

79장

척질 일을 만들지 마라

和大怨(화대원) **必有餘怨**(필유여원)

和大怨(화대원): 큰 원한을 푼 후에

必有餘怨(필유여원): 앙금을 남기면

安可以爲善(안가이위선): 이것을 어찌 잘했다고 할 수 있겠는가?

是以聖人執左契(시이성인집좌계): 성인은 채무가 적힌 장부를 흔들면서

而不責於人(이불책어인): 빚진 사람을 몰아세우지 않는다.

有德司契(유덕사계): 덕이 있는 사람은 계약을 맡아 베풀듯이 하고

無德司徹(무덕사철): 덕이 없는 사람은 조세를 맡아 수탈하듯이 한다.

天道無親(천도무친): 하늘의 도는 편애하는 일이 없으며

常與善人(상여선인): 언제나 선한 사람의 편에 설 따름이다.

채권자와 채무자의 비유를 들어 원만한 인간관계에 대해 말하고 있다.

노자가 강조하는 원만한 인간관계의 요체는 척을 지지 않는 것이다. 한번 척을 지면 나중에 비록 화해를 한다고 해도 앙금이 남기 때문에 사전에 척질 일을 만들지 말라는 것이다. 앞서 계속 나왔던 도의 포용성과 겸양지덕, 부쟁지덕을 현실에도 그대로 적용하라는 의미다.

'좌계(左契)'는 채무가 적힌 장부를 의미한다. 고대 중국에서는 금전 거래를 할 때 그 거래 내용을 대나무 조각에 새긴 후 이를 두 쪽으로 갈라 왼쪽 편 조각은 채무자가 갖고 오른편 조각은 채권자가 가졌다. 그래서 좌계가 채무자를 지칭하게 됐다.

원만하던 사이도 금전 거래 때문에 금이 가는 경우가 많다. 그래서 친한 사람끼리는 절대 돈거래를 하지 않는 법이다. 성인이 좌계를 흔들면서 채무자를 몰아세우지 않는다는 것은 원만한 인간관계를 위해서는 빚 독촉을 절제해야 한다는 의미다. 덕 있는 사람은 계약을 후하게 해 선심을 쓸 수 있으므로 계약을 담당한다고 했고, 세금을 거두면 아무래도 사람들의 원망을 사는 경우가 많기 때문에 덕 없는 사람은 조세를 담당한다고 했다. 하늘의 도가 편애하지 않는다는 것은 인간관계에서 어느 한쪽으로 치우치지 말고 균형을 유지하라는 뜻이다.

2011년 5월 빌 게이츠가 죽음을 앞둔 스티브 잡스를 만났다. 두 사람은 세 시간 가량 허심탄회한 대화를 나누었고 화해했다. 빌 게이츠는 "당신의 모델이 훌륭하다는 점이 입증되었다"며 스티브 잡스를 치켜세웠고, 스티브 잡스도 똑같이 화답했다. "당신의 모델도 꽤나 효과적이었습니다." 마이크로소프트와 애플, 빌 게이츠와 스티브 잡스, 두 사람 사이에 영원한 승자는 없다. 지금도 두 기업은 엎치락뒤치락하면서 선두를 다툰다. 구글과 애플의 관계도 마찬가지다.

노자는 《도덕경》에서 원한은 풀어도 앙금을 남긴다고 했는데 두 천재도 그러할까? 두 사람만이 알겠지만 잡스의 입장에서 보면 아무런 치유를 하지 않고 생을 마감하는 것보다는 그런 방식으로라도 화해를 하고 떠나는 것이 조금은 나았을 것이다. 잡스는 떠났지만 그가 심어 놓은 혁신 DNA는 아직도 애플을 튼튼하게 떠받치고 있다. 그 덕분에 2020년 애플의 시장가치는 2조 달러에 육박하고 있다.

내세에 대한 천재의 생각은 어땠을까? 잡스는 이렇게 말했다.

"신의 존재를 믿느냐? 이 물음에 대한 내 대답은 50대 50이다. 죽음을 앞두고 있으니 신이 존재한다는 쪽으로 내 마음이 기울고 있다. 그러지 않으면 내가 이룬 것들이 너무 허망해지지 않겠는가? 죽은 후에도 내 영혼, 내 의식은 영속한다고 믿고 싶다. 그러나 한편으로는 이런 생각도 든다. 영혼이란 그냥 전원 스위치 같은 것일지도 모른다. 누르면 '딸깍!' 하고 꺼져버리는 스위치 말이다. 그래서 내가 애플 기기에 스위치 넣은 걸 그렇게 싫어했나 보다."

80장

꿈은 크게 만들어주고
간섭은 작게 하라

大國小國(대국소국)

小國寡民(소국과민): 영토가 작고 인구가 적은 나라는

使有什佰之器而不用(사유십백지기이불용): 수많은 기계가 있으나

쓰는 일이 없고

使民重死而不遠徙(사민중사이불원사): 백성이 죽음을 무겁게 여겨

멀리 이사 가는 일이 없고

雖有舟輿(수유주여): 배와 수레가 있어도

無所乘之(무소승지): 타는 일이 없고

雖有甲兵(수유갑병): 갑옷과 무기가 있어도

無所陳之(무소진지): 그것을 입고 나갈 일이 없다.

使人復結繩而用之(사인부결승이용지): 사람들은 다시 노끈을 묶어서

사용하고

甘其食(감기식): 음식을 맛있게 먹고

美其服(미기복): 옷을 잘 입고

安其居(안기거): 편안하게 거하고

樂其俗(락기속): 풍속을 즐긴다.

隣國相望(린국상망): 이웃한 나라끼리 서로를 바라보며

鷄犬之聲相聞(계견지성상문): 닭 우는 소리와 개 짖는 소리가 서로 들리지만

民至老死不相往來(민지로사불상왕래): 백성들은 늙어 죽을 때까지 서로 왕래하는 일이 없다.

노자가 생각하는 이상적인 국가에 대해 말하고 있다. 결론은 작은 국가다. 작다고 할 때 그 작음은 물리적 크기보다는 노자의 지론인 무위지치를 강조하는 것으로 보는 것이 타당하다.《도덕경》에 나오는 작은 것은 큰 것의 반어적 표현인 경우가 대부분이다. 63장에 나온 '대소다소(大小多少)', 큰 것이 작은 것이고 많은 것이 적은 것이라는 표현이 대표적이다. 따라서 기계가 많이 있어도 쓰는 일이 없고 배와 수레가 있어도 타는 일이 없다는 등의 표현은 문명의 무용(無用)보다는 무위(無爲)한 문명을 의미하는 것으로 봐야 한다.

《장자》천지편에서는 무위한 문명의 의미를 우화를 통해 깨우쳐주고 있다. 공자의 제자 자공이 어느 날 길을 가다가 힘들게 농사를 짓고 있는 노인에게 용두레라는 기계를 사용하면 편리하다고 권하자 노인은 이렇게 말한다.

"기계가 있으면 기계에 대한 염려가 있고, 기계에 대한 염려가 있으

면 기계에 대한 마음이 생기고, 기계에 대한 마음이 생기면 그 마음의 참됨이 없어지고, 그 마음의 참됨이 없어지면 그 정신이 편안하지 못하며, 그 정신이 편안하지 못하면 도에 고요히 거할 수 없다."

이웃한 나라끼리 서로를 바라보고 닭 우는 소리와 개 짖는 소리가 서로 들리지만 죽을 때까지 서로 왕래하는 일이 없다는 문장도 역시 외교적 단절을 뜻하는 것이 아니라 무위한 국제정치를 의미하는 표현이다. 그래서 80장의 메시지를 노자식으로 압축해서 정리하면 '소국대국(小國大國)', 가장 작은 국가가 가장 큰 국가라고 표현할 수 있다.《도덕경》80장을 근거로 노자가 꿈꾸는 이상적인 국가를 오늘날의 스위스와 같이 인구가 적고 영토가 좁은 국가라고 단도직입적으로 말해버리는 것은《도덕경》에 대한 몰이해 탓이다.

리더는 일을 도모하되
다투지 않는다

聖人之道(성인지도) **爲而不爭**(위이부쟁)

信言不美(신언불미): 믿음직한 말은 아름답지 않고

美言不信(미언불신): 아름다운 말은 믿음직스럽지 않다.

善者不辯(선자불변): 선한 사람은 변론하지 않고

辯者不善(변자불선): 변론하는 사람은 선하지 않다.

知者不博(지자불박): 아는 사람은 박식하지 않고

博者不知(박자부지): 박식한 사람은 알지 못한다.

聖人不積(성인부적): 성인은 쌓아놓지 않고

旣以爲人(기이위인): 사람들을 위해 베풀지만

己愈有(기유유): 더욱 더 많이 가지게 되고

旣以與人(기이여인): 사람들과 더불어 쓰지만

己愈多(기유다): 더욱 더 많아진다.

天之道(천지도): 하늘의 도는

利而不害(이이불해): 이롭게 할 뿐 해롭게 하지 않는다.

聖人之道(성인지도): 성인의 도는

爲而不爭(위이부쟁): 일을 도모하지만 다투지 않는다.

《도덕경》의 마지막 장이다. 1장이 총론이었다면 81장은 결론이다. 《도덕경》은 도(道)로 시작하여 부쟁(不爭)으로 끝난다. 이를 연결하면 '도는 곧 부쟁'이라는 결론이 나온다. 쟁투(爭鬪)가 난무하고 그로 인해 백성들의 삶이 피폐해지는 험난한 시대를 살면서 내린 결론일 것이다.

노자는 《도덕경》 전편을 통해 부쟁을 강조한다. 상선약수로 시작되는 8장에서는 '수선리만물부쟁(水善利萬物而不爭)', 물은 만물을 이롭게 하면서도 다투지 않는다고 했고, 22장에서는 '부유부쟁(夫唯不爭) 고천하막능여지쟁(故天下莫能與之爭)', 다투지 않기 때문에 천하의 어떤 것도 그에 맞서지 못한다고 했다. 그리고 68장에서는 '선용인자위지하(善用人者爲之下) 시위부쟁지덕(是謂不爭之德)', 사람을 잘 쓰는 사람은 스스로 아래에 거하니 이를 일컬어 부쟁지덕이라 한다고 했고, 81장에서는 '성인지도(聖人之道) 위이부쟁(爲而不爭)', 성인의 도는 일을 도모하지만 다투지 않는다는 말로 《도덕경》을 마무리하고 있다.

부쟁에는 노자 사상의 핵심인 무위자연과 평화, 공정이 응축되어 있다. 자연은 무위하고 다투지 않는다. 가을은 겨울을 이기려고 다투지 않고, 겨울도 봄을 이기기 위해 다투지 않는다. 가을은 때가 되면 묵묵히 자신을 비우고 겨울에게 때를 넘겨주고, 겨울 또한 때가 되면 따뜻한 봄을 위해 자신을 버린다. 다투지 않기 때문에 또 다른 가을이 있고, 또 다른 겨울이 있게 된다. 각자의 분수와 영역을 지키면서 서로 다투지 않기에 세상은 평화로워진다. 재물에 대한 욕심을 가지면 분쟁(分爭)이 발생하지만 욕심을 비우면 부쟁(不爭)하게 되고 세상은 공정해진다.

실리콘밸리의 천재들이 재물에 대한 욕심만으로 창업을 했다면 오늘날의 실리콘밸리는 존재하지 않았을 것이다. 그들은 발명이 좋아서 발명에 열중했고, 컴퓨터가 좋아서 컴퓨터에 매달렸다. 매달리다 보니 혁신을 하게 되었고, 그 혁신이 모여 실리콘밸리를 만들었다. 부는 혁신의 결과로 자연스럽게 따라온 것이다. 만일 그들이 단순히 돈을 벌기 위해 혁신기술을 추구했다면 그 부를 결코 손에서 놓으려 하지 않았을 것이다. 하지만 그러한 천재는 없다. 그들은 성공한 후 자신이 일군 부를 대부분 사회에 환원했다. 빌 휴렛이 그랬고, 빌 게이츠가 그랬고, 마크 저커버그가 그랬고, 제프 베조스가 그랬다. 오늘 이 시간에도 실리콘밸리에는 혁신기술에 대한 다툼이 치열하지만, 그 밑바탕에는 부에 대한 부쟁지덕이 자리 잡고 있다. 혁신기술이 도(道)가 될 수 있고 실리콘밸리가 곡신불사의 계곡이 될 수 있는 것은 바로 그 때문이다.

맺음말

○
○

지난 7월 말 코로나19로 지친 심신을 달랠 겸 경기도 연천에 있는 고대산 자연휴양림을 찾았다. 석쇠에 고기를 구우면서 도란도란 이야기를 나누고 있는데 옆에 있던 일행 중 한 사람이 갑자기 소리를 지른다.

"저기 좀 봐. 계절이 갑자기 가을로 바뀌었어."

일행이 가리킨 고대산 자락으로 눈을 돌리니 푸른 신록으로 뒤덮여 있어야 할 산이 중턱에서부터 정상까지 온통 황금색으로 변해 있었다. 달력상으로는 계절이 한여름인데 우리 눈에 들어온 고대산의 계절은 노란 단풍으로 물든 가을이었다.

원인은 해넘이에 있었다. 고대산 자락을 힘겹게 넘어가던 햇살이 색의 조화를 일으켜 일순간 녹색을 황금색으로 바꿔놓은 것이었다. 자연은 무위하지만 때로는 이렇게 신비로운 조화와 변화를 만들어낸다. 자연이 만든 작품은 아무런 기교를 부리지 않지만 그 어떤 예술 작품보다 정교하고 아름답다. 조금 모자란 듯 보이지만 그 어떤 물건보다 크고 풍성하다.

인간이 유위함으로 만든 것들은 어떤가? 과하다. 욕망이 넘쳐난다. 그래서 때로는 부작용을 일으킨다. 코로나19라는 질병도 그런 부작용 가운데 하나다. 건강에 대한 과도한 집착이 역으로 전대미문의 바이러스를 창궐하게 만들었다. 넘쳐나는 것은 바이러스만이 아니다. 말이 넘쳐나고 글이 넘쳐난다. 정보의 홍수라는 표현이 있을 정도로 지식 정보가 넘쳐난다.

말과 글, 지식 정보가 넘쳐나지만 창조적 에너지는 거꾸로 고갈되어 간다. 데이터는 폭증하는데 정작 4차 산업혁명이라는 새로운 그릇을 채울 정신적 자양분은 급감하는 추세다. 역설을 해결하기 위해서는 이를 다시 한 번 뒤집어야 한다. 최대주의가 아니라 최소주의, 유위가 아니라 무위에서 그 답을 찾아야 한다.

애플, 구글, 아마존 등 실리콘밸리를 대표하는 기업을 창업하고 키운 CEO들의 경영 철학에서 공통적으로 찾을 수 있는 것은 절제의 미학, 무위의 리더십이다. 스티브 잡스나 래리 페이지, 제프 베조스는 맥시멀리즘이 아니라 미니멀리즘, 유위의 리더십이 아니라 무위의 리더십으로 정상에 올랐다. 조선시대 가장 위대한 성군으로 추앙받는 세종대왕의 리더십에서도 우리는 같은 유형의 리더십을 발견한다. 세종은 말이나 지시, 명령이 잦았던 군주가 아니라 말과 행동을 아끼는 무위한 군주였다. 세종은 무위의 리더십으로 세상에서 가장 큰 말, 한글을 창조했다.

'대음희성(大音希聲)'이라는《도덕경》의 경구처럼 큰 말은 잘 들리지 않는다. 하지만 그 울림은 크다. 말을 늘리고 키우는 것보다는 나의 말을 줄이고 타인의 말을 경청하는 것이 더 크고 위대한 리더의 자질이다. 지식도 그렇다. 자잘한 지식보다는 큰 생각이 중요하다. 작은 모래로 가득 찬 상자에는 더 이상 큰 돌을 채울 수 없다. 큰 돌을 먼저 채운 후 모래를 부어야 큰 돌 틈새로 모래가 잘 스며들어 큰 돌과 작은 모래가 조화를 이룰 수 있다. 같은 이치로 머릿속이 자잘한 지식으로 가득 차 있으면 큰 생각이 비집고 들어올 수 없다. 그런 상태에서는 혁신에 성공할 수 없다. 특히 조직의 수장인 CEO에게는 이런 원리가 중요하다. 자잘한 지식을 많이 알고 있는 CEO는 조직 구성원들이 뭔가 혁신적인 아이디어를 내려고 하면 "그거 내가 다 안다"라며 말을 막고 나선다. 그런 CEO가 이끄는 조직은 결코 혁신기업이 될 수 없다.

4차 산업혁명은 큰 판이다. 이 판에 맞게 기업을 키우려면 유위의 리더십보다는 무위의 리더십, 자잘한 지식보다는 큰 생각으로 승부를 걸어야 한다. 노자의《도덕경》은 큰 생각을 키우려는 CEO들에게 무척 잘 어울리는 고전이다. 노자의 어깨에 기대어 세상을 읽다 보면 시나브로 큰 생각이 머릿속으로 들어올 것이다. 이 책《실리콘밸리로 간 노자》가 4차 산업혁명이라는 격랑을 헤쳐나가기 위해 고심하고 분투하는 CEO들에게 작은 길잡이가 되었으면 하는 바람을 전하면서 글을 맺는다.

실리콘밸리로 간 노자

초판 1쇄 인쇄 2020년 9월 1일
초판 1쇄 발행 2020년 9월 8일

지은이 박영규
펴낸이 신경렬

편집장 유승현 **책임편집** 황인화 **편집** 김정주
마케팅 장현기 정우연 정혜민
디자인 캠프
경영기획 김정숙 김태희 조수진
제작 유수경

펴낸곳 (주)더난콘텐츠그룹
출판등록 2011년 6월 2일 제2011-000158호
주소 04043 서울시 마포구 양화로12길 16, 7층(서교동, 더난빌딩)
전화 (02)325-2525 | **팩스** (02)325-9007
이메일 book@thenanbiz.com | **홈페이지** www.thenanbiz.com

ISBN 978-89-8405-866-8(03320)

이 도서는 한국출판문화산업진흥원의 '2020년 우수출판콘텐츠 제작 지원' 사업 선정작입니다.

이 도서의 국립중앙도서관 출판예정도서목록(CIP)은 서지정보유통지원시스템 홈페이지
(http://seoji.nl.go.kr)와 국가자료공동목록시스템(http://www.nl.go.kr/kolisnet)에서 이용하실 수
있습니다.(CIP 제어번호: CIP2020034662)